学校の事例から学ぶ

フィジカル
アセスメント
ワークブック

鋪野紀好〔医療監修〕

遠藤伸子・成川美和〔編著〕

岡田加奈子・宇田川和子・三森寧子・齊藤理砂子・久保田美穂・鎌塚優子・籠谷恵〔著〕

PHYSICAL
ASSESSMENT
WORKBOOK

北樹出版

本書の使い方

　本書は、現職の養護教諭や養護教諭養成をしている教員たちが日頃の活動や授業を通して「フィジカルアセスメント力を身につけたい、つけてもらいたい」という思いから生まれた本です。

　実際に現場であった事例（内科編 16 と外科編 13）を一部改編し構成しました。

　フィジカルアセスメントの基本技術の知識を活かし、情報収集とアセスメント、具体的な対応までの過程を導く内容となっています。最後には、用語の解説やこの事例からの学びもあり、知っておくと現場で活用できる内容を掲載しています。

　現場でのアセスメントは多種多様であるため、答えは 1 つではなく、マニュアル化することは難しいものですが、基本的な学びをする段階においては、「考え方を導くもの」として活用していただければ幸いです。

　本書の特徴は、取り上げている事例、展開をもとに、読者が現場を想起して臨場感を感じながら、「自分だったらどうするだろう」と考えながら行うワーク形式にこだわったところにあります。

　なお、事例から想起できる主な疾患や病態については、心療内科や総合診療医の先生方もおっしゃるように、たとえ滅多にない疾患や病態であっても、緊急度・重症度の高いものを想起し除外していきます。まずは、身体疾患を疑い、その可能性が低いとアセスメントした場合に精神的要因からの健康課題を考えるという姿勢が大切だという考え方をもとにアセスメントのプロセスを踏んでいることをお断りしておきます。

　本書は、ワークブックです。解説だけを読んで理解しても身につきませんのでお勧めしません。学生さんにとっては、解説のような答えができず、「難しい」と感じることもあるかと思いますが、繰り返し取り組んでみてください。次第に、考え方が身につくと思います。

学生さんの実習前や採用試験前の自己学習として、養護教諭養成に従事される先生方の授業の教材として、養護教諭の皆様のフィジカルアセスメントのふりかえりや、スキルアップにご利用ください。また養護教諭以外の先生方にも学校で起きるけがや事故対応への心得として役立てていただけたら嬉しく思います。

　実際には、ワークシートの項目を全て行わない場合や、逆に、ワークシートにはない項目を行う場合もあります。状態や状況に応じて、優先順位や内容は異なるということを申し添えます。

取り組み方

① 事例一覧表から学習したい事例を選びます（1から順番に取り組む必要はありません）

② ワークシート（本書に添付）を用意します。

③ 事例を読みます。

④ ♡1 の項目をワークシートに書き出したら解説の内容の確認をします。

　♡2、♡3 も同様な方法で学習しましょう。

⑤ ♡1、♡2、♡3 の後、解説編の＜追加情報＞を確認して♡5 のアセスメントに進みます。その後、解説の内容を確認します。

⑥ ♡5 のアセスメントをもとに♡6 を書き出します。解説の内容を確認します。

⑦ ♡7 の「この事例からの学び」を読みましょう。

目　次

本書の使い方　3

事例一覧表　8

ワークシート〈内科編〉　16
ワークシート〈外科編〉　19

序　養護教諭の行うフィジカルアセスメント　……………………………　22

■　■　■〈内科編〉■　■　■

CASE ①　頭が痛い！　………………………………………………　26
　　　　　副鼻腔炎の疑い

CASE ②　頭が痛い！　………………………………………………　34
　　　　　片頭痛の疑い

CASE ③　お腹が痛い！　……………………………………………　39
　　　　　風邪による消化不良の疑い

CASE ④　お腹が痛い！　……………………………………………　46
　　　　　虫垂炎の疑い

5

CASE ⑤ 気持ちが悪い！ ……………………………………………… 51
　　　　　感染性胃腸炎の疑い

CASE ⑥ 気持ちが悪い！ ……………………………………………… 57
　　　　　食物アレルギーの疑い

CASE ⑦ 体がだるい！ ………………………………………………… 63
　　　　　貧血（白血病の疑いを含む）の疑い

CASE ⑧ 熱っぽい！寒気がする！ ……………………………………… 68
　　　　　インフルエンザの疑い

CASE ⑨ 胸が痛い！ …………………………………………………… 73
　　　　　気胸の疑い

CASE ⑩ 胸が痛い！ …………………………………………………… 77
　　　　　肋間神経痛の疑い

CASE ⑪ 息が苦しい！ ………………………………………………… 81
　　　　　喘息発作の疑い

CASE ⑫ ふらふらする！ ……………………………………………… 86
　　　　　熱中症の疑い

CASE ⑬ けいれんしている！ …………………………………………… 91
　　　　　てんかん発作の疑い

CASE ⑭ 朝起きるのがつらい！ ………………………………………… 96
　　　　　起立性調節障害（OD）の疑い

CASE ⑮ お腹が痛い、気持ち悪い、息も苦しい！ ……………… 100
　　　　　食物依存性運動誘発アナフィラキシーショックの疑い

CASE ⑯ 頭が痛くて気持ち悪い、足に力がはいらない！ ……… 106
　　　　　若年性くも膜下出血の疑い

■ ■ ■〈外科編〉■ ■ ■

CASE ① 頭を押さえている！ ……………………………………… 112
ジャングルジムから落ちて頭部打撲の疑い

CASE ② 片目をつぶり押さえている！ ………………………… 117
ボールがあたって眼窩底骨折の疑い

CASE ③ 鼻から出血している！ ……………………………………… 121
鼻に肘がぶつかり出血・鼻骨の変形の疑い

CASE ④ 歯がぐらぐらしている！ ………………………………… 126
口を打ち歯牙破折の疑い

CASE ⑤ 首が痛い！ ……………………………………………………… 131
マット運動をしていて首をひねり頸椎捻挫・損傷の疑い

CASE ⑥ 胸を打った！痛い！ ……………………………………… 136
ボールが胸にあたり胸部打撲の疑い

CASE ⑦ お腹を打った！痛い！ …………………………………… 141
バスケットボールの試合で人とぶつかり内臓損傷の疑い

CASE ⑧ 腰を打った！立てない！ ……………………………… 145
サッカーで転倒し腰部打撲・骨折の疑い

CASE ⑨ 足首が痛くて歩けない！ ……………………………… 149
ひねった足首の捻挫・骨折の疑い

CASE ⑩ 太もも裏に激痛！ …………………………………………… 153
ダッシュをして肉離れの疑い

CASE ⑪ 突いた手が痛い！ …………………………………………… 156
転んで突いた手の上腕骨骨折の疑い

CASE ⑫ 肩を打った！痛くて動かせない！ ……………… 160
階段を踏み外し鎖骨骨折の疑い

CASE ⑬ プールで溺れた！ …………………………………………… 163
足のこむらがえりによる誤飲の疑い

目 次　　7

事例一覧表 内科編

1 頭が痛い！

　中学校1年生の男子（A君）。1時間目の休み時間に「頭が痛いので休ませて欲しい」と保健室に来室しました。外傷について聞いたところ、それについては否定できました。実は、昨日も「眼が疲れた」と言って来室し、「寝不足のせいだから少し休ませて欲しい」と言うので、タオルで冷やしながら1時間程ベッドで休ませたところ、よくなったと言って教室に戻って行きました。

〈追加情報〉を確認 ⇒ P.27

2 頭が痛い！

　高校3年生の男子（B君）。頭痛で来室。起床時はよかったのですが、その後、眉間の間が重くなり、ひどい頭痛がして、吐き気もしてきたと言っていました。そのようなことが月に1～2回ほどあるそうです。また、動くと頭痛がひどくなるとのことでした。

〈追加情報〉を確認 ⇒ P.36

3 お腹が痛い！

　小学校5年生の女子（Cさん）。朝からお腹が痛かったがいつも通り登校してきました。
　1時間目の授業は受けたのですが、症状はよくならず「朝からお腹が痛い」と担任に話したところ「保健室に行ってみてもらうように」と言われたので、Cさんは保健委員の児童に連れられて保健室に来たのでした。

〈追加情報〉を確認 ⇒ P.41

4 お腹が痛い！

　中学校3年生の男子（D君）。朝、登校後すぐに、みぞおちのあたりをおさえながら保健室に来室しました。昨夜の夕食後より、胃のあたりにズキズキとした痛みを感じていました。下痢もあったため母親に相談したところ、「食べ過ぎじゃないの？」と言われて、仕方なく我慢して寝たのですが痛みが気になってなかなか眠れませんでした。朝になって痛みと吐き気もあり、朝食は食べられなかったのですが、とりあえず学校には登校しました。

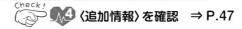

〈追加情報〉を確認 ⇒ P.47

気持ちが悪い！

　中学校3年生の女子（Eさん）。11月20日の朝、目が覚めると、何となく気持ちが悪く、登校直前にお腹を下して、何度もトイレへ駆け込んだそうです。
　Eさんは「またテスト前のストレスか……」と落ち込み、「今回のテストはどうしても欠席できない、テストに負けない強い身体をつくらないと！」と自分に言い聞かせ、下痢が落ち着くのを待ち、がんばって登校したのですが、教室に入り、着席したとたんに机上に嘔吐してしまいました。その様子を見ていた友人が保健室に養護教諭を呼びに来室したのでした。

 〈追加情報〉を確認　⇒ P.53

 ## 気持ちが悪い！

　小学校4年生の男子（F君）。給食中に気持ちが悪いと言って、学級担任に支えられながら保健室に来室しました。嘔吐はしていないようですが嘔気があり、時折咳をしており、口腔内の掻痒感を訴えています。学校に食物アレルギーの既往歴の報告はありません。

 〈追加情報〉を確認　⇒ P.59

 ## 体がだるい！

　とても活発で授業中の発言も絶えない中学校1年生の女子（Gさん）。陸上部所属で朝練、放課後の練習共に毎日頑張っています。学級担任のA先生は、朝の会の健康観察でGさんの元気のない様子が気になり、「具合悪いの？」と聞いてみたところ、Gさんは「いつも通りです」と答えたため、A先生は「部活の朝練で疲れているのかな」と思い、そのまま様子をみることにしました。そして翌日、A先生が担当する社会科の授業でGさんが授業に集中できず、ぐったりとしている様子が気になったので、Gさんに体調を聞いたところ、Gさんは「何となく体がだるくて……」と応えたため、A先生はGさんを保健室に連れてきました。

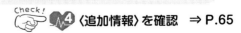 〈追加情報〉を確認　⇒ P.65

事例一覧表《内科編》

CASE 8　熱っぽい！寒気がする！

　小学校5年生の女子（Hさん）。1月中旬の2時間目後の休み時間に、「寒気がして、何だか熱っぽいんです」と言って保健室に来室しました。
　昨日まで元気だったのに、朝起きたら食欲がなかったのですが、熱がなかった（平熱36.5度）ため登校しました。1時間目が始まったあたりから手足がとても冷たくゾクゾクとした寒気が出始めて、2時間目の途中から、頭がぼーっとしてきて熱っぽくなってきたとのことでした。

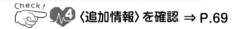
〈追加情報〉を確認 ⇒ P.69

CASE 9　胸が痛い！

　高校2年生の男子（I君）。1時間目の授業が終わった後、胸の痛みと息苦しさを訴えて来室しました。昨日は右胸部や背部に違和感があったけれど、特に気にすることもなく過ごしていました。今朝になって強い痛みに加えて息苦しさも出ていたため、不安になって保健室へ相談に来ました。1時間目は音楽で、立って歌うことも辛かったとのことでした。

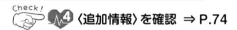
〈追加情報〉を確認 ⇒ P.74

CASE 10　胸が痛い！

　放課後、中学校3年生の女子（Jさん）。「胸が痛い、これ心臓の発作？」と言いながら右胸を押さえ、前かがみの姿勢で保健室に来室。保健調査票を確認したところ、Jさんには、心臓疾患の既往歴はなく、また本人に再度確認しましたが、これまで心臓疾患にかかわるような問題はないとのことでした。今年になって頻繁に同じような痛みに襲われているようです。最初は3ヵ月に一度くらいでしたが、ここのところ、10日に一度くらいの頻度で起きているとのこと。毎回5分〜10分くらいで治まるようですが、今日は20分くらい痛みが治まらないとのことでした。

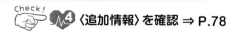
〈追加情報〉を確認 ⇒ P.78

CASE 11　息が苦しい！

　小学校1年生の男子（K君）。4月中旬の月曜日、2時間目の授業終了後に担任に連れられて保健室に来室してきました。いつもと違い授業中に全く元気がなかったので、授業終了後に担任が尋ねたところ「途中から息が苦しい感じがして不安になった」と言っていたそうです。少し涙目で、顔色もよくありませんでした。鼻をすすっているので、風邪をひいているか尋ねたところ首を横に振り否定しました。

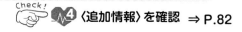
〈追加情報〉を確認 ⇒ P.82

CASE 12 ふらふらする！

　ちょうど梅雨が明けた7月中旬（気温33℃）、中学校1年生の女子（Lさん）は硬式テニス部の活動でグラウンドを5周走ったところで、ふらつくように感じ、その後、足元から崩れ落ちるように倒れました。コーチが駆けつけ、Lさんに呼びかけたところ、すぐに開眼し、ゆっくり起き上がって「大丈夫です」と話したそうです。養護教諭が駆けつけた時には、Lさんは座って休んでいました。

〈追加情報〉を確認　⇒ P.87

CASE 13 けいれんしている！

　小学校4年生の男子（M君）。10月中旬の昼休みに、「教室で男児がけいれんを起こしています。すぐに来てください！」と言われ、救急セット（AED含む）を持ち現場に急行しました。近くにいた担任によると、M君は突然意識を失い、倒れて両手足を伸ばした状態で全身を硬直させ、その後、「う～」と、うなり声を上げながら手足をガクガクと曲げたり伸ばしたりを繰り返したそうです。だいたい1分くらいの発作であったとのことでした。
　養護教諭が到着した際は、発作は治まっており、顔面蒼白で、眼球は上転し、瞳孔は散大（左右差なし）、対光反射は消失しています。尿失禁し、意識はもうろうとした状態で、そのまま10分ほど眠り込んでしまいました。

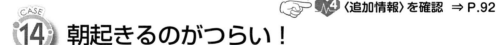
〈追加情報〉を確認　⇒ P.92

CASE 14 朝起きるのがつらい！

　高校2年生の女子（Nさん）。朝、ベッドの中で目が覚めても体が起き上がるのが、つらい、だるい、立ちくらみがするとのことで、やっと起き上がっても動悸がして息苦しく、午後から登校する日や欠席する日が増えたと言って昼休みに保健室にやってきました。

〈追加情報〉を確認　⇒ P.97

CASE 15 お腹が痛い、気持ち悪い、息も苦しい！

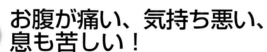

　中学校3年生の女子（Oさん）。5限目の体育の授業で長距離走を開始した直後から、お腹が痛くなり、トイレに行ったけれど出なかったそうです。その後、1人で歩いて保健室に来室し、「お腹が痛い」とかすれた声で訴え、肩で息をしていました。腹部に手をあてて前傾姿勢になって苦悶の表情をしています。

〈追加情報〉を確認　⇒ P.101

事例一覧表《内科編》

頭が痛くて気持ち悪い、足に力がはいらない！

　小学校3年生の男子（P君）。5時間目の途中、「頭が痛くて気持ち悪い、足に力が入らない」と言って1人で歩いて来室しました。授業中に突然痛くなったとのことでした。P君は学級のムードメーカー的な存在であり、陽気で元気な児童でした。休み時間の度に外に出て元気に遊び、常時、生傷が絶えず、保健室に頻繁に来室していました。さほど、具合が悪くなくても、保健室の入り口から顔を出し、養護教諭に手を振るなど明るい児童で、その日も昼休みにドッジボールをしていたらしく、昼休みにP君と一緒に遊んでいた同じクラスの児童が擦過傷で来室した際に楽しそうに話をしていました。P君は来室するなり、「頭が痛い」と言いながら椅子には座らず、頭を抱えて床に座り込んでしまいました。P君は数日前にめまい症状で来室していたこともありました。

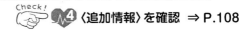
〈追加情報〉を確認　⇒ P.108

事例一覧表　——————————————— 外科編

頭を押さえている！

　小学校2年生の男子（Q君）。外遊びが大好きで活発なQ君。今日は2年生がジャングルジムで遊べる日なので、昼休みは誰よりも先にジャングルジムに向かいました。
　いつものようにジャングルジムで鬼ごっこをして遊んでいた時、鬼から逃げていたQ君が足を踏み外して地面に落下してしまいました。友達に付き添われて頭を押さえながら保健室に来ました。

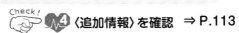
〈追加情報〉を確認　⇒ P.113

片目をつぶり押さえている！

　高校1年生のテニス部員（R君）。放課後、テニス部の練習で打ち返されたテニスボールが地面にバウンドしてイレギュラーしてしまい右眼にあたってしまいました。R君はうずくまり、右眉毛あたりに2cmほどの切傷、目が開けられないほどの強い痛みを訴えていました。

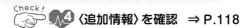
〈追加情報〉を確認　⇒ P.118

鼻から出血している！

　高校1年生の男子（S君）。5限目の授業中に「鼻血が出た」と保健室に入ってきました。「昼休みにグラウンドでサッカーをしていたら、B君の肘が鼻にあたった」と話しています。「鼻血だけだと思ってたけど、だんだん鼻が腫れてきた」と訴えています。

 〈追加情報〉を確認 ⇒ P.122

歯がぐらぐらしている！

　小学校5年生の女子（Tさん）。梅雨の時期で朝から雨が降っている中を、登校がぎりぎりになってしまったTさんは、慣れない長靴で学校まで急いで向かっていました。何とか校門まで来ましたが、校門前のステンレス製の排水溝の上で滑ってしまい、前のめりで顔面から転んでしまいました。口を強く打ち、出血した状況で歯がぐらぐらすると泣きながら保健室に来ました。

 〈追加情報〉を確認 ⇒ P.127

首が痛い！

　小学校3年生の女子（Uさん）。体育の授業でマット運動をしていました。Uさんは後転の時に、誤って斜めに転がり、マットから身体が外れてしまいました。
　体育の先生は、授業の開始と終了前に、必ず児童たちの体調とけがの有無を確認するようにしているので、今日も、授業終了後に首や手足をひねっていないか、捻挫による痛みや動かしにくさはないか、と一人一人に確認をしました。Uさんは、「首をひねりました。でも、痛くないです」と報告をしました。Uさんは、体育着から私服に着替え、次の授業の準備を始めました。その時、突然、首が痛みだしたので、学級担任の先生に伝え、冷湿布をもらいに保健室へ行くことにしました。

 〈追加情報〉を確認 ⇒ P.133

事例一覧表《外科編》

胸を打った！痛い！

　中学校2年生の男子（V君）。放課後の部活動中、グラウンドのフィールド内で、陸上部がストレッチを行っていた際に、野球部がノックしたボールが陸上部のV君の胸部にあたりました。V君は胸を押さえながら付き添いの生徒と共に歩いて来室しました。付き添いの生徒の話によると、「ボールがあたった瞬間、一瞬、V君に呼吸困難のような症状があったが、直ぐに落ち着いた」とのことです。本人が言うには、「ボールがあたった瞬間、胸全体に痛みが走った」と言っています。動かさなければ痛まないとのことでした。

 〈追加情報〉を確認 ⇒ P.137

お腹を打った！痛い！

　中学校3年生の男子（X君）。放課後、X君はお腹を押さえながら「お腹が痛くて少し気持ち悪いので休ませてほしい」と言って自分で歩いて保健室に来室しました。本人は1年生の時も同じような状況で腹部を打撲した経験があり、少し休んでいれば治ると言っていました。部活動中、バスケットボールの試合で、激しくボールの取り合いとなった際に、相手チームの男子生徒の肘がX君のみぞおちのあたりにぶつかったようです。一瞬、息ができなくなるような感じがしたので、コートの外に出て、5分くらい痛みが治まるまで座っていたそうです。しかし、痛みが治まらないので一応保健室に来たのでした。

 〈追加情報〉を確認 ⇒ P.142

腰を打った！立てない！

　中学校2年生の男子（W君）。2時間目の体育の授業でサッカーをしていたところ、友達とぶつかりW君は地面に転倒しました。すぐには立ち上がれず、転倒したまま動けずにいました。養護教諭が呼ばれて運動場に行ってみると、W君は苦痛様な表情をして、右側臥位で腰に手をあて動けないでいました。

 〈追加情報〉を確認 ⇒ P.146

足首が痛くて歩けない！

　小学校2年生の女子（Yさん）。午前中に校外学習「春をさがそう」で公園（学校から1kmの所）に行きました。草花を摘み、小走りで移動していた時に、足首をひねり転倒しました。その後、足首に痛みを感じながらも活動を続行し、学校に戻る帰路の途中までは歩けていたのですが、徐々に痛みが強くなり、学校に着く手前でしゃがみ込んで足首を押さえて泣き出してしまったので、担任の先生がおぶって保健室へ連れてきました。

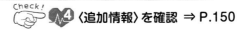 〈追加情報〉を確認 ⇒ P.150

CASE 10 　太もも裏に激痛！

　高校2年生の男子（Z君）。スポーツテストで50mのタイムを計るために全力で走っていましたが、ブチッという音がして、右大腿後ろに強い痛みが走り倒れ込みました。歩けないため、友人に背負われて保健室に来ました。

〈追加情報〉を確認 ⇒ P.154

CASE 11 　突いた手が痛い！

　小学校6年生の女子（Aさん）。学校の階段で転んだと右手をかばいながら保健室に来室しました。右肘の強い痛みを訴え泣いています。一緒に遊んでいた同じクラスの女子に付き添われ、やっと歩いてきたという状態でした。

〈追加情報〉を確認 ⇒ P.157

CASE 12 　肩を打った！
　　　　　痛くて動かせない！

　中学校1年生の男子（B君）。昼休みになり、校庭に出ようとして、階段を勢いよく降りたところ、踊り場まであと2段というところで足を滑らせ、踊り場に転倒しました。
　転倒した時に右肩を強く打ち、痛くて動かせなくなりました。右肩が下がり、左手で右腕を抱くようにして頭を右に傾けた姿勢で入って来ました。

〈追加情報〉を確認 ⇒ P.161

CASE 13 　プールで溺れた！

　小学校3年生の女子（Cさん）。「プールで、溺れた子どもがいるので、プールまできてほしい」と連絡があり、プールサイドに駆けつけると、全身が濡れたまま、顔色が蒼白で、眉間にしわを寄せ、苦しそうにせき込みながら仰臥位になっている児童がいました。その横で、「大丈夫か！どうだ？」と声をかけながら、足の親指を曲げ伸ばししている教員がいます。どうしてこうなったのかと聞くと、「泳いでいる姿を見ていたら、途中で溺れたようにもがきだしたのでびっくりして、飛び込んで、引き上げた。せき込みながら、本人が左のふくらはぎを押さえて痛そうな顔をしたので、こむらがえりかなと思って、親指を動かしている」と説明をしていました。

〈追加情報〉を確認 ⇒ P.164

事例一覧表《外科編》

◆ワークシート〈内科編〉

 事例から読み取れる情報を書き出してみましょう

 事例の主訴から想起できる主な疾病や病態などを書き出してみましょう

【緊急性や重症度の高い疾病や病態（頻度は低くても見逃してはいけないもの）】

【学校でよくみられる疾病や病態】

【この事例で考えられる疾病や病態（可能性の高そうなもの）】

追加して知りたいことはどのような情報ですか？ 情報収集の視点と内容を書き出してみましょう

【情報収集の視点】

【情報収集の内容】
〈問診〉

〈視診〉

〈聴診〉

〈触診・打診〉

〈検査〉

 追加情報を確認して、次に進みましょう

ワークシート《内科編》 17

○○さん（君）の状態をアセスメントしましょう

【緊急性や重症度が高い場合】

【緊急性や重症度の可能性が高くない場合】

 アセスメントをもとに何を行うのかを書き出しましょう

◆ワークシート〈外科編〉

 事例から読み取れる情報を書き出してみましょう

 受傷機転や事例の主訴から想起できる主な外傷を書き出してみましょう

【受傷機転】

【緊急性や重症度の高い外傷】

【学校でよくみられる外傷】

【この事例で考えられる外傷】

追加して知りたいことはどのような情報ですか？ 情報収集の視点と内容を書き出してみましょう

【情報収集の視点】

【情報収集の内容】
〈問診〉

〈視診〉

〈触診〉

〈検査〉

 追加情報を確認して、次に進みましょう

○○さん（君）の状態をアセスメントしましょう

【緊急性や重症度が高い場合】

【緊急性や重症度が高くない場合】

 アセスメントをもとに何を行うのかを書き出しましょう

ワークシート《外科編》　21

序　養護教諭の行う　フィジカルアセスメント

１．養護教諭の行うフィジカルアセスメントの重要性

　学校は子どもたちにとって学ぶ場であり多くの時間を過ごす生活の場です。

　時として、身体的な不調、傷病や潜在的に重篤な疾患などを持つ子どももいます。

　その際に、病院とは異なり器械や道具が限られた中で、養護教諭が「救急処置を行う前提」として、また、「医療機関へ搬送するか、もしくはかかるかどうかを判断するため」に、「子どもの健康のレベル」と「身体のどこに何が生じている可能性があるのか」をできるだけ客観的に把握する「身体をみる力」すなわち「フィジカルアセスメント」能力が必須となります。

２．養護教諭の行うフィジカルアセスメントと救急処置・ケアの特徴

（１）問題が発生したかなり早い段階で問題を受理できる

　突然倒れるにしても、保健室に来室するにしても、問題が発生したかなり早い段階で、問題を受理できることが多い。したがって、緊急性をまず判断します。

（２）緊急性が高い状態を判断するフィジカルアセスメントの必要性

　緊急性をまず判断することが重要なため、腹膜刺激症状や頭蓋内の損傷などの緊急性の高い状況を判断する反跳痛（反動痛）、筋性防御、項部硬直や瞳孔の対光反射などのフィジカルアセスメントを実施できることが重要です。

（３）訴えの軽減など可能な救急処置・ケアは、アセスメントと同時に行う

　アセスメントを行ってから、緊急処置・ケアを行うことは重要ですが、アセスメントの過程であっても、苦しいと訴えたら苦しさが軽減できる体位や処置などの、可能な救急処置・ケアを行います。もちろん、「身体のどこに何が生じている可能性があるのか」を判

断しないと、誤った救急処置・ケアになる可能性のある場合は、絶対に行いません。

（4）問診を中心に視診、触診、聴診、打診、バイタルサインと並行してアセスメントを行う
①「〜ながら問診」といわれるように、体温を測りながら問診を行うなど、並行して行います。
②フィジカルアセスメントの基本である問診をしっかり行います。特に、「発症時期」「部位」「性状」「原因」はきちんと聞きます。

（5）外傷の緊急度・重症度を判断するためのフィジカルアセスメントの重要性
子どもの場合、外科的な外傷等が多い。そのため、外傷の緊急度・重症度を判断するたのフィジカルアセスメントが重要となります。

（6）生理・生活・環境要因の可能性も念頭におく
子どもでは、生理・生活・環境要因の可能性も非常に高い。それらの可能性を念頭におきながら、緊急度や重症度の高い疾患や外傷を見逃さないことが大切です。

（7）最終的には、心理的な要因を考える
器質的な要因、外傷、生理・生活・環境要因の可能性をフィジカルアセスメントで絞り込んでいきながら、最終的には、心理的な要因を考えます。

（8）経過観察を行いながら、アセスメントをし続ける
必要に応じて、保健室で経過観察、教室復帰などの対応を行いますが、教室復帰後1時間後に再度問診を行うなど、経過観察を行いながら、アセスメントを継続的に行っていきます。

（9）必要に応じて教職員と連携を行う
養護教諭がフィジカルアセスメントや救急処置・ケアを行っている際に、保護者への連絡が必要になったら、他の教員にそれを行ってもらうなど、必要に応じて、教職員と連携して行います。

3．フィジカルアセスメントと救急処置・ケアの留意点

養護教諭の行う救急処置においてフィジカルアセスメントを行う際には、以下の点を忘れないことが重要です。

序　養護教諭の行うフィジカルアセスメント　23

(1) 子どもが発達途上であることを念頭におく

①対象は子どもであり発達段階途上にあります。そのため、症状の現れ方が異なり、症状の自覚や表現の仕方も未熟なことがあります。発達段階を念頭におき、それらを考慮したアセスメントが必要です。

②子どもは発達段階ということから、子どもからの情報が十分とはいえない場合も多いでしょう。そこで、担任、保護者等からの情報や健康診断データ、保健調査データからの情報が非常に重要となります。

③安心させる、恐怖心や不安感を取り除くということも、大人以上に配慮し、落ち着いた温かい態度で接します。恐怖心を抱く器械・器具を子どもの目に触れないところにおくことも大切です。

④子どもがフィジカルアセスメントや救急処置・ケア等に協力してくれたこと、また子どもができたことに対して賞賛を表し、必要に応じて担任や保護者に報告を行います。また、保護者には必要に応じて保健指導を行います。

(2)「教育の場」であることを忘れない

①教育の場で教育者の養護教諭が行うフィジカルアセスメントです。救急処置・ケアの全プロセスにおいて、子どもが学ぶという視点を忘れず、必要に応じて指導的な面を加味して行います。

②フィジカルアセスメントや救急処置・ケアの際も、何を行っているかを子どもが理解できるように説明を行いながら実施します。

③聴診を一緒に行うなど、可能であれば、子どもと共に行います。また、必要に応じて本人や人形、模型等を用いて、説明を加えます。

④子どもが自分の身体の状態を把握し、表現できる力を伸ばすこと、また子どもが今後自ら予防したり、対応したりできるようになることなど、子どもが自ら考え、行動できるようになることを意図した問いかけを養護教諭は行いながら実施します。

(3)「学校という場」であることを配慮する

　周囲に友人がいることも多く、意識を失った、失禁した、嘔吐したなどは、その後のいじめ等にもつながりやすい。フィジカルアセスメントの際には、他の子どもたちを遠ざけて見られないようにすることなど、友人との関係も十分配慮します。また必要に応じて他の子どもも含めた指導を行います。

＊岡田加奈子「養護教諭のためのフィジカルアセスメント」山内豊明監修、三村由香里・岡田加奈子編者『保健室で役立つステップアップフィジカルアセスメント』東山書房、2013 より一部抜粋、加筆修正した。

〈内科編〉

CASE 1 頭が痛い！
副鼻腔炎の疑い

中学校1年生の男子（A君）。1時間目の休み時間に「頭が痛いので休ませて欲しい」と保健室に来室しました。外傷について聞いたところ、それについては否定できました。実は、昨日も「眼が疲れた」と言って来室し、「寝不足のせいだから少し休ませて欲しい」と言うので、タオルで冷やしながら1時間程ベッドで休ませたところ、よくなったと言って教室に戻って行きました。

 1 事例から読み取れる情報を書き出してみましょう

- 中学校1年生の男子（A君）
- 頭痛が主訴
- 昨日も保健室に来室しているが、主訴は疲れ目であり寝不足のせいだと話した
- 昨日は眼を冷やして休ませたところ症状は軽減した様子
- 今日も1人で歩いて保健室に来室した

 2 事例の主訴から想起できる主な疾病や病態などを書き出してみましょう

【緊急性や重症度の高い疾病や病態（頻度は低くても見逃してはいけないもの）】
・頭蓋内疾患（髄膜炎、くも膜下出血、脳腫瘍など）、頭部外傷など

【学校でよくみられる疾病や病態】
・起立性調節障害、片頭痛、緊張型頭痛、寝不足、眼精疲労など

【この事例で考えられる疾病や病態（可能性の高そうなもの）】
・感染症、副鼻腔炎、片頭痛、緊張型頭痛など

 3 追加して知りたいことはどのような情報ですか？ 情報収集の視点と内容を書き出してみましょう

【情報収集の視点】
①一般状態
②主訴についての詳細および随伴症状
③頭痛に関する既往歴・現病歴の有無
④頭痛を伴う疾患や病態（頭蓋内疾患、眼・鼻・歯科の問題）でみられる症状の有無
⑤睡眠の状況
⑥精神状態

【情報収集の内容】
〈問診〉
　①頭痛の発症時期（いつから）：数日前・数時間前・突然起こったか、どの位続いているか
　②頭痛の発症部位（どこが）：頭全体、片側だけ、頭から顔にかけてなど
　③頭痛の性状（どのように）：痛む前の前兆症状（視野の一部が欠けたりギザギザなどの光が見える）の有無、感覚過敏（音過敏や光過敏）の有無、キリキリと鋭い、ズーンと重い、ズキンズキンと拍動痛、初めて経験する痛みか、条件（体位、頭を振るなど）により痛みの程度が変わるか、程度と頻度が増していく痛みか
　④頭痛の程度：我慢できない、不快なくらい
　⑤睡眠時間と睡眠の質：平時、昨日と今日の違いも含めて
　⑥頭痛以外に症状はないか：めまい、発熱、眼の充血、歯の痛み、未治療のう歯の有無など
　⑦頭痛の既往：これまでにも時々頭痛があったなど
　⑧風邪などの感染症に罹っていなかったか
　⑨アレルギー性鼻炎などの既往の有無
　⑩家族に頭痛持ちはいるか
　⑪精神的苦痛：何か気になる事や悩みの有無（学校生活、友人関係、勉強、家族の事など）

〈視診〉
　①顔色・顔貌
　②咽頭や扁桃の発赤・腫脹
　③眼の症状（眼振▶1や偏視▶2・複視▶3）

〈触診・打診〉
　①痛む部位の圧痛
　②リンパ節の触診▶4
　③副鼻腔の触診▶5

〈検査〉
　①バイタルサイン（意識、体温、脈拍、呼吸、血圧）
　②眼の検査（瞳孔の大きさや不同▶6、眼球運動、対光反射▶7、視野狭窄）
　③髄膜刺激症状▶8の有無（項部硬直、ケルニッヒ徴候、ブルジンスキー徴候、ジョルトサイン）
　④頭蓋内圧亢進症状▶9の有無
　⑤神経脱落症状▶10

〈急性期症状〉
　①意識障害、②異常呼吸、③瞳孔異常（瞳孔不同、対光反射の減弱・消失）、④血圧の上昇、⑤徐脈、⑥片麻痺の出現、腱反射の異常、⑦体温の上昇

　追加情報を確認して、次に進みましょう

〈追加情報〉　A＝A君　養＝養護教諭

A：10日くらい前、のどが痛くなって熱と鼻水が出た。家の近くの病院でもらった薬を1週間飲んだら熱も下がったし、のどもよくなったけど、3日前からまた鼻水が出るようになった。夜は寝ようとすると鼻がつまった感じでよく眠れなくて……昼間眠かった。

昨日は、眼の奥が痛くなったので、寝不足かもしれないと思って保健室に来た。今日は眼の奥だけでなく頭のてっぺんから顔にかけて重く痛い感じ。そういえば鼻水も黄緑色でねばねばしている。くさい匂いがするので気持ち悪い……。

養：意識清明。質問への受け応えはしっかりしている。顔色は良好。突発した痛みでも、かつて経験したことのないような強い痛みでもない。痛みの程度はわからない。なお、体位によって頭痛の程度が変わることはない。

恒常的な眼精疲労（－）、う歯（－）、アレルギー性鼻炎の既往（－）、一次性頭痛の既往（－）、咽頭痛・発赤（－）、咳嗽（がいそう）（－）、髄膜刺激症状（－）、頭蓋内圧亢進症状（－）、嘔気・嘔吐（－）、腹痛・下痢（－）、眼の症状・検査異常（－）、リンパ節腫脹（－）、副鼻腔（左上顎洞・左前頭洞）の圧痛と打診痛（＋）、歯の痛み（－）、眼の充血（－）、精神的苦痛（－）。

T＝37.3℃、P＝78回／分、R＝20回／分、BP＝116／62mmHg。

A君の状態をアセスメントしましょう

【緊急性や重症度の高い場合】

(1) 頭痛を訴える症状で緊急性が高い場合

脳血管障害（子どもの場合、脳動静脈奇形によるくも膜下出血など）や頭部打撲による脳出血（硬膜外血腫・硬膜下血腫など）が想定される場合には緊急性が高くなるが、A君の場合は、以下の理由により緊急度は高くないと判断できる。

① 1人で歩行が可能である。意識レベルは正常、眼の症状や検査も異常なし

② 以下のような危険な頭痛の徴候なし

・突発的な痛み（脳血管障害などは突然の激痛から始まることが多い）

・増悪（段々と痛みがひどくなる）

・最悪（かつて経験したことのないような痛み、バッドで殴られる、しめ縄のようなもので ギューギューと締めつけられる痛み）

③ 頭蓋内圧亢進症状なし

(2) 頭痛を訴える症状で重症度が高い場合

発熱して頭痛がある場合、髄膜炎の可能性についてアセスメントすることが必要である。髄膜炎の場合は、頭痛がひどく頭を左右に振らせた時に、痛みが増強することがある。しかし、A君の頭痛はそれ程ではないことや、他の髄膜刺激症状もみられないので可能性としては低いと考えてよい。

【緊急性や重症度の可能性が高くない場合】

(1) A君は、風邪症状の後、一旦よくなったと言うが、その後、鼻汁、頭痛が出現し

たこと、他に目立った症状もないことから急性副鼻腔炎を疑った。そこで、副鼻腔の圧痛や打診痛を確認したところ陽性だった。特に左前顎洞(ぜんがくどう)の圧痛があり、眼の奥が痛い、その後、頭のてっぺんから顔面にかけての痛みを訴えていることなどが一致する。

（2）見落としをしないよう、他の可能性も検討する。

A君の場合、咽頭痛や発赤、咳嗽、リンパ節の腫脹もみられず、他の感染症の可能性や、仰臥位と立位とで頭痛の程度に変化がないことから、脳脊髄液減少症などの可能性も低いと思われる。

 アセスメントをもとに何を行うのかを書き出しましょう

（1）まずは頭痛が和らぐようベッドで休ませ、それで楽になるようであれば本人の希望を確認してから冷罨法を行う。
（2）症状から起こっている可能性を説明し、医療機関の受診を勧める。クラス担任と保護者に連絡をする。
（3）副鼻腔炎の対応としては、自分でよく鼻をかんで鼻の中の膿を減らし、睡眠を多くとって体の抵抗力を上げるよう指導する。
（4）鼻をかむ際は、耳を傷めないようなかみ方をするように指導する。
　①片方ずつ鼻をかむ
　　同時にかんでしまうと、鼻腔内の圧力が高まり、鼻と中耳をつなぐ器官である耳管から、細菌やウイルスで汚染された鼻水が中耳に侵入することがあるため、危険であることを説明し、かみ方の指導を行う。
　②やや下を向く
　　やや下を向くことで、耳管を垂直に近づけることができ、鼻水が耳管に侵入する確率を低くする。
　③やさしくかむ
　　力を込めると、中耳を痛めたり、内圧が高まって耳管に汚染された鼻水が侵入し、中耳炎を発症する原因となることを説明する。
（5）受診した場合は受診結果を報告するように指導する。

 この事例からの学び（考え方の解説）

頭痛には、基礎に疾患がなく慢性的な経過をとる一次性頭痛と原因疾患のある二次性頭痛の2つに分けられます。小児期思春期の頭痛は、75％が一次性頭痛の片頭痛で、20％が緊張型頭痛と報告され、二次性頭痛の割合は少ないです。二次性頭痛の中では、感染症に

CASE① 頭が痛い！〜副鼻腔炎の疑い〜

よるものが多く、ついで頭部外傷などで、成人と比較し脳血管障害は少ないです。しかし、二次性頭痛を見逃すと生命に危険が及ぶので、まずは、二次性頭痛の症状や徴候がないかをアセスメントをして除外しておくことが重要です。

　二次性頭痛の中でも頭蓋内疾患（脳炎、脳膜炎、くも膜下出血、脳腫瘍等）など緊急度や重症度の高い傷病による頭痛の特徴としては、①突然の頭痛、②今まで経験したことがない頭痛、③いつもと様子の異なる頭痛、④頻度と程度が増していく頭痛、⑤神経脱落症状のある頭痛、⑥発熱や髄膜刺激症状を伴う頭痛などがあり、保健室でも問診や検査で確認できます。

　今回 A 君は、風邪に引き続いて細菌が副鼻腔内や粘膜に感染することによって起こる急性副鼻腔炎による頭痛でした。急性副鼻腔炎は、肺炎球菌、インフルエンザ菌、ブドウ球菌などの細菌、花粉等のアレルギー性鼻炎で鼻づまりが酷くなることをきっかけにして起こるケースも多いです。勉強や部活などで疲労が溜まっていたり、身体の抵抗が低下している時にもなりやすいので注意しましょう。

　症状は、かぜ症状が先行し、続いて膿性の悪臭を伴う鼻汁がみられます。上顎洞に炎症を起こした時には頬部の痛み、篩骨洞に炎症を起こした時には眼の内側の痛み、前頭洞に炎症を起こした時にはおでこの痛み、蝶形骨洞の炎症では頭痛や頭重感が特徴です。普通は、片側にだけで発熱は軽微です。上顎洞の炎症では上顎の歯の痛みを起こすことがあります。まれに副鼻腔の炎症が眼に及ぶとまぶたが腫れたり、視力が落ちたり、脳に及ぶと強い頭痛や意識障害が起こります。そのため、早期に発見し、受診を勧めましょう。

　近年、子どもたちにアレルギー疾患が増えていることは学校保健統計などでも報告されていますので急性副鼻腔炎が原因の頭痛が増えることが予測されます。

　この他にも頭痛の原因として、眼や耳や歯などが原因で起こるものや、熱中症のように環境の影響で起こるものなどがあります。また女生徒なら月経前症候群による頭痛も考えられるため、アセスメントにおいては、問診がとても重要です。

用語の解説

▶1 眼振

規則的、持続的に振れ動く眼球の往復運動のこと。原因疾患により眼振の方向(水平性、垂直性、回旋性)と動き方(律動性、振子様)が異なります。緊急の対応が必要な眼振には、小脳・脳幹部の出血や梗塞、薬物中毒、代謝性疾患、脳炎などがあります。

▶2 偏視

左右の眼球が偏ってしまうこと。脳内出血などにより起こり、病変が起きた部位によって目の偏る方向が異なるのが特徴です。

▶3 複視

両眼の視線が合わなくなるために、ものがダブって二重に見える症状。眼運動神経麻痺、甲状腺眼症、重症筋無力症の眼筋型、眼窩吹き抜け骨折などで起こります。動眼神経麻痺、散瞳、頭痛があれば、脳動脈瘤によるものをまず否定する必要があります。

▶4 リンパ節の触診

リンパ節の腫脹部位により予測される疾患が異なります。

腫脹部位	予測される疾患
耳介前リンパ節	流行性角結膜炎、急性出血性結膜炎
耳介後リンパ節	風疹(発疹の出現に先行して腫れる)
後頭リンパ節	風疹、咽頭結膜熱
顎下リンパ節	咽頭炎、扁桃炎、猩紅熱、急性歯髄炎、麻疹
オトガイ下リンパ節	下顎切歯歯髄炎、下口唇炎
浅頸リンパ節・深頸リンパ節	扁桃炎、咽頭結膜熱、猩紅熱

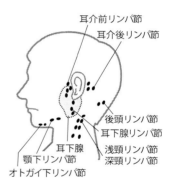

▶5 副鼻腔の触診

前頭洞と上顎洞部位に圧痛があれば副鼻腔炎が疑われます。左右差も重要です。

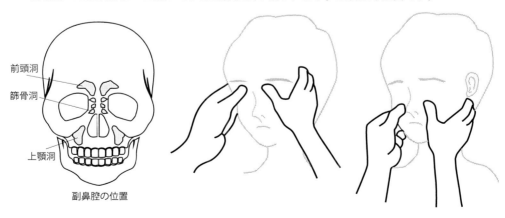

CASE① 頭が痛い! ～副鼻腔炎の疑い～

▶ 6　瞳孔の大きさや不同

- 散瞳（5mm 以上：低血糖、重症の低酸素血症、薬物中毒、中脳障害、脳ヘルニア（非代償期）、心停止後などで起こります）
- 縮瞳（2mm 以下：脳ヘルニア初期、有機リン中毒などで起こります）
- ピンホール（1mm 以下：橋出血や麻薬中毒で起こります）
- 瞳孔不同（0.5mm 以上の左右差：脳ヘルニアで起こります）

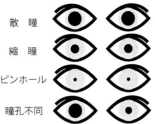

▶ 7　対光反射

自然光の下で、瞳孔の大きさと左右差を観察します。正常であれば、ペンライトで光をあてると瞳孔は縮小します。

瞳孔は、一般的に脳幹の機能を反映しており、瞳孔の状態で脳の状態をみることができます。瞳孔の異常は、頭部外傷、脳血管障害、循環停止、視神経の障害などによって現れます。その反射をみることにより、異常が推察されます。

▶ 8　髄膜刺激症状

髄膜炎や脳炎などの炎症性疾患の他、くも膜下出血などで認められます。自覚症状は経過の重症度により異なりますが、頭痛、悪心・嘔吐、不穏状態、羞明、音過敏、けいれん、発熱、項部硬直、ケルニッヒ徴候、ブルジンスキー徴候、ジョルトサインなどがあります。

＊項部硬直
頭部を前屈させると明らかな抵抗や疼痛がある場合は、「陽性」と判定します。項部硬直が強い場合は、仰臥位で頭部を持ち上げると、肩まで一緒に上がることもあります。

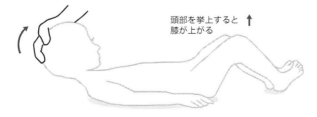

＊ブルジンスキー徴候
仰臥位の状態で頭部を前屈させると股関節・膝関節が自動的に屈曲して両足が胸の方に引っ張られます。

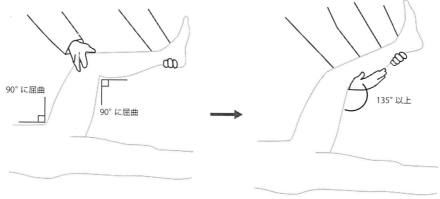

＊ケルニッヒ徴候
片側の股関節と膝関節を 90°に屈曲してもらい、その後徐々に膝関節を伸展させ膝関節を 135°以上に伸展できない場合は、ケルニッヒ徴候が「陽性」と判定します。

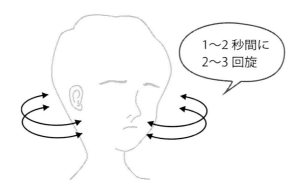

＊ジョルトサイン（揺すぶり増強試験）jolt accentuation headache
頭部を、自分で 1～2 秒間に 2～3 回旋の頻度で左右に振ってもらい頭痛の増悪を感じた場合は「陽性」と判定します。

▶9　頭蓋内圧亢進症状
　　頭蓋内圧が増大した状態。脳腫瘍や血種等で頭蓋内を占拠する病変ができた時、脳の浮腫や髄液量の増加または髄液の吸収障害が起こった時にみられます。進行し脳ヘルニアになると生命の危険を伴います。

▶10　神経脱落症状
　　脳や脊髄が病気や怪我などによって障害された場合に起こる運動麻痺や感覚障害などの症状です。

【引用文献】
・藤田光江「小児の頭痛の頻度と疫学」五十嵐隆編『小児の頭痛診かた治しかた』中山書店、2009、pp.5-6
・杉浦守邦『養護教諭のための診断学〈内科編〉』東山書房、2012

頭が痛い！
片頭痛の疑い

高校3年生の男子（B君）。頭痛で来室。起床時はよかったのですが、その後、眉間の間が重くなり、ひどい頭痛がして、吐き気もしてきたと言っていました。そのようなことが月に1〜2回ほどあるそうです。また、動くと頭痛がひどくなるとのことでした。

 事例から読み取れる情報を書き出してみましょう

- 高校3年生の男子（B君）
- ひどい頭痛が主訴
- 吐き気がある
- 動くと頭痛がひどくなる
- 起床時は良いが、眉間の間が重くなる
- 月に1〜2度ほど頭痛と吐き気がある

 事例の主訴から想起できる主な疾病や病態などを書き出してみましょう

【緊急性や重症度の高い疾病や病態（頻度は低くても見逃してはいけないもの）】
・頭蓋内疾患（髄膜炎、くも膜下出血、脳腫瘍等）頭部外傷など

【学校でよくみられる疾病や病態】
・副鼻腔炎、緊張性頭痛▶1、片頭痛▶2、上気道炎に伴う頭痛、眼精疲労からくる頭痛、心因性の頭痛、薬物乱用性頭痛、熱中症による頭痛、起立性調節障害、寝不足、歯が原因の頭痛、脳脊髄液減少症

【この事例で考えられる疾病や病態（可能性の高そうなもの）】
・片頭痛、群発頭痛、緊張型頭痛、自律神経性頭痛

 追加して知りたいことはどのような情報ですか？ 情報収集の視点と内容を書き出してみましょう

【情報収集の視点】
①一般状態
②主訴についての詳細および随伴症状
③頭痛に関する既往歴・現病歴の有無
④頭痛を伴う疾患や病態（頭蓋内疾患、眼・鼻・歯科の問題）でみられる症状の有無
⑤睡眠の状況
⑥精神状態

【情報収集の内容】

〈問診〉

①頭痛の発症時期（いつから）：数日前・数時間前・突然起こったか、どの位続いているか

②頭痛の発症部位（どこが）：頭全体、片側だけ、頭から顔にかけてなど

③頭痛の性状（どのように）：痛む前の前兆症状（視野の一部が欠けたりギザギザなどの光が見える）の有無、感覚過敏（音過敏や光過敏）の有無、キリキリと鋭い、ズーンと重い、ズキンズキン（拍動痛）か、初めて経験する痛みか、条件（体位、首を振ると痛むなど）により痛みの程度が変わるか

④頭痛の程度：我慢できない、不快なくらい

⑤睡眠時間と睡眠の質：平時や昨日と今日の違いも含めて

⑥頭痛以外に症状はないか：眼の充血、歯の痛み、未治療のう歯の有無など

⑦頭痛の既往：これまでにも時々頭痛があったなど

⑧風邪などの感染症に罹っていなかったか

⑨アレルギー性鼻炎などの既往の有無

⑩家族に頭痛持ちはいるか

⑪精神的苦痛：何か気になる事や悩みの有無（学校生活、友人関係、勉強、家族の事など）

〈視診〉

①顔色・顔貌

②咽頭や扁桃の発赤・腫脹

③眼の症状（眼振や偏視・複視）

〈触診・打診〉

①痛む部位の圧痛

②リンパ節の触診

③副鼻腔の触診

〈検査〉

①バイタルサイン（意識、体温、脈拍、呼吸、血圧）

②眼の検査（神経脱落症状）：瞳孔の大きさや不同、眼球運動、対光反射、視野狭窄

③髄膜刺激症状の有無（項部硬直、ケルニッヒ徴候、ブルジンスキー徴候、ジョルトサイン）（＊内科編 CASE ① ▶8 参照）

④頭蓋内圧亢進症状の有無（＊内科編 CASE ① ▶9 参照）

〈慢性症状〉

①頭痛、②悪心（嘔気）・嘔吐

〈急性期症状〉

①意識障害 、②瞳孔不同、対光反射の減弱・消失、③呼吸の変化、④血圧の上昇・脈圧の増大、⑤片麻痺の増強が出現、腱反射の異常、⑥異常姿勢、⑦体温の上昇

内科編

CASE ② 頭が痛い！ 〜片頭痛の疑い〜

追加情報を確認して、次に進みましょう

〈追加情報〉　B＝B君　養＝養護教諭

B：頭痛の前にギザギザのような光が見えました。その後に頭痛が起きました。心臓の拍動のようにズキズキ痛みました。今までもこのようなことが、時々ありました。家でもあって、そのような時は、休んでいれば1時間くらいでよくなりました。昨夜はいつも通り眠れました。

養：意識清明。質問には応えられる。突発的に起きたものではない、増悪もしない、今までに起きた最悪の痛みでもない。
眼の検査（−）、髄膜刺激症状（−）、頭蓋内圧亢進症状（−）、吐き気（＋）、腹痛（−）、リンパ節の腫脹（−）、圧痛（−）、副鼻腔の圧痛（−）、前兆症状（＋）、拍動性の痛み（＋）、頭痛の既往（＋）、母親も頭痛持ち、精神的苦痛（−）。
T＝36.2℃、P＝70回／分、R＝18回／分、BP＝110／64mmHg。

 B君の状態をアセスメントしましょう

【緊急性や重症度の高い場合】
（1）頭痛を訴える症状で緊急性が高い場合

　脳血管障害（子どもの場合、脳動静脈奇形によるくも膜下出血など）や頭部打撲による脳出血（硬膜外血腫・硬膜下血腫など）が想定される場合には緊急性が高くなるが、B君の場合は、以下の理由により緊急度は高くないと判断できる。

　　①1人で歩行が可能である。意識レベルは正常、眼の症状や検査も異常なし
　　②以下のような危険な頭痛の徴候なし
　　　・突発的な痛み（脳血管障害などは突然の激痛から始まることが多い）
　　　・増悪（段々と痛みがひどくなる）
　　　・最悪（かつて経験したことのないような痛み、バッドで殴られる、しめ縄のようなものでギューギュー締めつけられる痛み）
　　③頭蓋内圧亢進症状なし

（2）頭痛を訴える症状で重症度が高い場合

　発熱して頭痛がある場合、髄膜炎の可能性についてアセスメントすることが必要である。髄膜炎の場合は、頭痛がひどく頭を左右に振らせた時に、痛みが増強することがある。しかし、B君の頭痛はそれ程ではないことや、他の髄膜刺激症状もみられないので可能性としては低いと考えてよい。

【緊急性や重症度の可能性が高くない場合】
(1) B君の場合、吐き気を伴うくらいにかなり強い頭痛であるにもかかわらず、緊急性の高い症状は出現せず1時間休むと症状が改善している。
(2) 繰り返し同じような頭痛を経験している。
(3) 頭痛が起こる前に前兆症状（頭痛の前にギザギザのような光が見えること）がある。
(4) 発熱はなく、他の感染症症状はない。

以上から、二次性頭痛の可能性が低く、一次性頭痛、中でも片頭痛の可能性が高いと判断できる。

 アセスメントをもとに何を行うのかを書き出しましょう

【対応】
(1) 暗く静かな環境で1〜2時間休ませる。痛みが和らぐのであれば頭部を冷やす。
(2) 既往歴を確認し、一次性頭痛のあることが確認できれば、本人持参の鎮痛剤を服用させる。
(3) 頭痛で医療機関に受診していない場合は、症状から起こっている可能性（頭痛の前に見えたフラッシュ現象により、片頭痛の疑い）を説明し、医療機関の受診を勧める。

【保健指導】
(1) ストレスがあれば増強することを伝え、ストレスに対処する方法を一緒に考える。
(2) 片頭痛であれば空腹は低血糖を招いて頭痛の誘因になるため、食事はきちんと取り空腹を避けるよう指導する。
(3) 頭痛を誘発するような食品は控えるように指導する。片頭痛という診断がついていれば、血管拡張効果のある食品をたくさん食べないように指導する（ポリフェノールが多いチョコレートやチラミンの多いチーズやかんきつ類など）。

この事例からの学び（考え方の解説）

頭痛を訴えている場合は、まず、緊急性や重症度が高いと思われる疾患や病態の時に現れる症状や徴候の有無を確認します。次に、早めの治療が必要になることの多い二次性頭痛（頭部外傷、髄膜炎、脳血管障害、硬膜下血腫など）の症状や徴候を確認します。その後、一次性頭痛の可能性をアセスメントしていきます。

B君の場合、緊急性や重症度が高い症状（頭蓋内圧亢進症状や髄膜刺激症状など）や徴候はみられませんでした。そこで、頭痛の原因となる歯や眼の問題も探りましたが、これもありませんでした。また、髄膜炎や感冒など感染によって頭痛が生じる疾患があった場合にみられる症状もありませんでした。そこで、一次性頭痛に絞り、アセスメントをしました。一次性頭痛には、片頭痛、緊張型頭痛、群発頭痛、薬物乱用頭痛などがありますが、小児期思春期の頭痛は、75%が片頭痛で、20%が緊張型頭痛と報告されており、群発頭痛

や、薬物乱用による頭痛は少ないことがわかっています。また、片頭痛には前兆症状のある片頭痛と前兆症状のない片頭痛がありますが、B君は片頭痛の特徴である前兆症状がみられましたし、母親も頭痛持ちということがわかりました。以上から、片頭痛の可能性が高いとアセスメントしました（家族に繰り返し頭痛がある場合は、必ず一度は医療機関を受診するように勧めましょう）。脳腫瘍など二次性の頭痛が隠れていることもありますが、一次性頭痛でも頭痛のタイプにより適切な対応が大きく異なるからです。

　たとえば、体を温めたり動かすことは、緊張型頭痛では症状緩和につながりますが片頭痛では悪化します。これは、緊張型頭痛は血管が収縮し、血流が悪くなり痛みが発生するのに対し、片頭痛は、血管が拡張し神経を刺激して痛みが起きるというように頭痛の起きる仕組みが異なるからです。また、その場しのぎで頭痛薬を乱用するとそれが原因の頭痛にもなります。一次性の頭痛かなと思われたら頭痛外来を紹介するのもよいでしょう。

用語の解説

▶1　緊張型頭痛

　慢性頭痛の中で一番多い緊張型頭痛。無理な姿勢や過度な緊張、ストレスなどが重なって起こります。緊張型頭痛は、頭の周りを何かで締めつけられるような鈍い痛みが30分～7日間続きます。また、肩や首の強いこり、めまい、ふらつき、全身のだるさなどを伴うこともあります。

▶2　片頭痛

　片頭痛は、片側あるいは両方のこめかみから目のあたりにかけて、脈を打つように「ズキンズキン」と痛むのが特徴。ひとたび痛み出したら、4～72時間続きます。

　片頭痛は、「前兆のない片頭痛」と「前兆のある片頭痛」の2タイプに分けられ、前兆のある人は20～30％といわれています。前兆のある片頭痛では、頭痛が起こる前に、いくつかの前兆がみられます。目の前にチカチカと光るフラッシュのようなものが現れ、視野の片側、または中心部が見えにくくなる閃輝暗点（せんきあんてん）を生じることが多いのですが、感覚が鈍くなる感覚異常、言葉が話しにくくなる失語性言語障害がみられる場合もあります。このような前兆の多くは15～30分で消失し、続いて頭痛が始まります。

頭痛のタイプと対応

片頭痛	暗くする	光などの刺激で症状が悪化する。音や匂いも頭痛をひどくする要因になる。
	横たわる	体を動かすと血管が拡張するので横になり安静にする。
	冷やす	頭を冷やして血管の拡張を抑える。
緊張型頭痛	運動・マッサージ	筋肉緊張をほぐし、血行を改善する。
	入浴・ホットパック	全身を温め筋肉の緊張をほぐし、血行を改善する。

【引用文献】
・清水俊彦監修『子どもと健康―こどもを頭痛から守る』No93、労働教育センター、2011、pp.32-33

CASE 3 お腹が痛い！

風邪による消化不良の疑い

小学校5年生の女子（Cさん）。朝からお腹が痛かったがいつも通り登校してきました。1時間目の授業は受けたのですが、症状はよくならず「朝からお腹が痛い」と担任に話したところ「保健室に行ってみてもらうように」と言われたので、Cさんは保健委員の児童に連れられて保健室に来たのでした。

 事例から読み取れる情報を書き出してみましょう

- 小学校5年生の女子（Cさん）
- 腹痛が主訴
- 朝から痛かった
- 1時間目は授業に出られたがよくなってはいない
- 歩いて保健室まで来ることができた

 事例の主訴から想起できる主な疾病や病態などを書き出してみましょう

【緊急性や重症度の高い疾病や病態（頻度は低くても見逃してはいけないもの）】
・腸閉塞、腸重積、腸捻転、急性虫垂炎、消化管穿孔、腹膜炎、食中毒、ヘルニア、子宮外妊娠

【学校でよくみられる疾病や病態】
・急性腸炎、感染性胃腸炎、過敏性腸症候群▶1、尿路感染症、生理痛、ストレス、便秘、下痢

【この事例で考えられる疾病や病態（可能性の高そうなもの）】
・感染症、ストレス

 追加して知りたいことはどのような情報ですか？ 情報収集の視点と内容を書き出してみましょう

【情報収集の視点】
①一般状態
②主訴についての詳細および随伴症状
③腹痛を伴う疾患や病態でみられる症状の有無
③行動の確認（激しい運動や打撲エピソードの有無）
④食欲や食事の内容
⑤睡眠の状況
⑥既往歴・現病歴の有無

内科編

⑦クラスや学年の感染症罹患状況
⑧精神状態

【情報収集の内容】

〈問診〉
①腹痛の発症時期（いつから）：数日前・数時間前・突然起こったか、どの位続いているか
②腹痛の発症部位（どこが）：腹全体、片側だけ、胃から臍にかけて、下腹部など
③腹痛の性状（どのように）：ズキズキ、キリキリ、鋭いか鈍いか、初めて経験する痛みか、持続して傷むのか、何をすると傷む程度が変わるか
④腹痛の程度：我慢できない、不快なくらい
⑤ここ数日間の腹部打撲など外傷の有無
⑥食事摂取の状況：夕食、朝食はどのくらい食べられたか、いつも通りの量か、食欲はあったか、生ものを食べているか
⑦消化器症状：吐き気や嘔吐、下痢の有無
⑧睡眠時間と睡眠の質：平時、昨日、今日の違いも含めて
⑨風邪などの感染症への罹患：鼻汁、咳、倦怠感、寒気、熱感、家族の風邪への罹患の有無
⑩他に気になる身体症状の有無
⑪腹部の疾患の既往の有無（虫垂炎など）現病歴の有無
⑫生理中ではないか、生理予定日が近くないか
⑬クラスで風邪が流行っているか
⑭精神的苦痛：気になる事や悩みの有無（学校生活、友人関係、勉強、家族の事など）

〈視診〉
①顔色・顔貌、表情、活気
②咽頭や扁桃の発赤や腫脹の有無
③腹部腫脹、発赤

〈聴診〉
聴診器で腹部の音（腸蠕動音[2]）を聴く

〈触診・打診〉
①痛む部位の確認（Ｃさんに自分で痛い部位を触ってもらう。痛みの部位から離れた部位→痛みの近くの部位を触る）
②痛む部位の圧痛（マックバーネー点、ランツ点[3]の圧痛）の有無
③腹部腫瘤の有無
④腹部の張り、熱感、冷感の有無

〈検査〉
①バイタルサイン（意識、体温、脈拍、呼吸、血圧）
②腹膜刺激症状[4]（筋性防御・反跳痛・踵落とし衝撃試験）

追加情報を確認して、次に進みましょう

〈追加情報〉　C＝Cさん　養＝養護教諭

C：「お腹全体が痛い（おなかをさするしぐさ）」「朝、起きた時から」「座っていると痛い」「しくしく痛くて時々ギューとした痛みがある」「授業を受けることができないくらい痛い」「夕食は食べた。朝はいつもより食べられなかった。パンを一口と麦茶を一口くらい」「吐き気はない。ちょっと寒い」「鼻水が2日前からでている」「弟が昨日まで風邪で幼稚園を休んでいた」「昨日、夜はふつうに寝た」「生理ではない、予定日の近くでもない」「ストレスや悩みは特にない」。

養：意識清明。質問に応えられる。激痛（−）座位でいるとつらく、側臥位になると少し痛みが軽減する。

腹膜刺激症状（−）、マックバーネー点、ランツ点の圧痛（−）、腸蠕動音亢進（＋）、腹部腫脹（−）、腹部発赤（−）、痛み部位は腹部全体。時々ギューとした痛み（＋）、食欲（−）、朝食少量。生ものの摂取なし。消化器症状（−）、話す声が小さく活気やや乏しい。寒気（＋）、頬紅潮（＋）、額熱感（−）、鼻汁（＋）、話のあいまに鼻をすする。咳（−）、咽頭発赤（＋）、弟が風邪をひいている。他の身体症状（−）、腹部打撲等外傷（−）、虫垂炎の既往（−）、生理前、生理中ではない。精神的苦痛（−）。

T＝37.5℃、P＝80回／分、R＝25回／分、BP＝120／60mmHg。

 Cさんの状態をアセスメントしましょう

【緊急性や重症度の高い場合】

意識清明、歩行して保健室に来ることができた。激痛ではなく、腹膜刺激症状はない。顔をしかめる様な我慢できないような症状もない。食中毒を疑うような食物摂取もないことから緊急度は高くないと判断できる。

【緊急性や重症度の可能性が高くない場合】

授業を受けるには耐えられない痛みが腹部全体にある。37.5度の微熱があり寒気がする。食欲がなく朝はいつもより少ししか食べなかった。元気がない。鼻水が2日程前からでていた。咽頭がやや紅い。弟が風邪をひいている。吐き気等の症状みられず。生理ではない。

このことから推測できることは風邪による腹部へのウイルス感染による腹痛の疑いである。緊急性は高くないため、苦痛の軽減を図り症状の変化の有無（観察）をみる。

休み時間に、担任に児童の状況と保護者に連絡をしておきたい旨を伝える（連絡をしてもすぐに迎えに来られないことを考えて）。

CASE③　お腹が痛い！　～風邪による消化不良の疑い～

> 今後集団感染が広がっていく可能性があるため、学級担任にクラス内の風邪症状が
> みられる児童の様子や欠席者について状況を聞き、風邪予防対策を促す。

 アセスメントをもとに何を行うのか書き出しましょう

(1) 児童をベッドに寝かせ、休み時間になるまで、ベッドにて休養させる（側臥位等にして腹筋を和らげる）。
 ①腹部を温罨法。悪寒が軽度あるため掛物を厚く、足元に温罨法をする等を行う（児童に安楽の有無を確認しながら）。
 ②湯（コップ1杯程度）を飲むように促す（脱水予防）。
 ③30分後の状態の変化を観察（問診・聴診・触診）する。
 ④午前中だった場合、昼食は食べられそうか確認をする。
  食べられそうで教室復帰する場合、教室で摂取となった場合は、「無理に食べないこと。食べた後、腹痛等があればまた来ること」を伝える。学級担任にも伝える。教室復帰できない場合は保健室にて昼食を摂取する。摂取状況や量を確認する。
 ⑤昼食後の腹部症状を観察し、状態の回復がなければできるだけ早くに保護者に迎えに来てもらうように連絡をする。
(2) 担任への状態報告と保護者へ連絡をする。
 ①保健室に来た時点での状況、判断を担任に伝える。
 ②対応、観察後、症状の改善がみられず早退した方がよいとなった場合、保護者に現況を報告する。担任が授業等で保護者にすぐ連絡できない時は、養護教諭が連絡をしてよいか担任に確認する。
 ③早退をする場合、保護者が迎えに来たら、担任同席で状態の報告と今後の見通し、受診の勧めの説明をする。
(3) 学級担任に風邪の罹患者、欠席者等を確認する。
  風邪が原因と考えられる早退、不調の児童、生徒が保健室に来た時はその子どもの対応後に学級、学年、学校全体に風邪の流行がみられないか確認をして、現状の把握と予防活動をしていく必要がある。そのため、担任、その学年、全学年の感冒者、欠席者の確認をする。

 この事例からの学び（考え方の解説）

　腹部症状の訴えで来室してきた場合、まずは、緊急性や重症度が高くないか①～④をみましょう。
　①痛みが強いか、痛み以外にはどのような症状があるか（嘔吐、激しい下痢等）
　②ショック症状（脈拍の頻拍・微弱、呼吸の浅表・不規則、血圧低下、目がうつろ、顔面蒼白、冷や汗、声が出ない、話せない、手足の冷感、けいれん）はあるか
　③体勢・姿勢（体を動かさずにエビのように腰を曲げて痛みを我慢している、苦痛様症状）

はどうか。

④腹膜刺激症状（筋性防御・反跳痛・踵落とし衝撃試験）や腹部膨満はあるか

　緊急性や重症度が高い急性腹症（腸閉塞、腸重積、腸捻転、食中毒等）の場合、上記のような症状がみられます。早期発見と迅速な病院搬送に努めましょう。

　状態を把握する上で、児童からの問診は大切ですが、児童自身にも、身に起きている状態が経験としてなく、どのように言葉で表現してよいのかがわからず不安で来室してくることがあります。その場合は、質問に対してきちんと状況を説明することができない可能性もあります。問診のみならず視診、聴診、触診によって、何が原因であるのかアセスメントすることが大事です。

　また、腹部観察として聴診をする場合は、触診や打診より先にしましょう。聴診は触診によって腸が刺激されて蠕動音が増強することがあるからです。また、触診では、深い触診は児童への負担となるため、片手、両手のどちらで行う場合も深く押す必要はありません。そっと触れて痛みの部位を確認し、その後、痛みの増強がなければ軽く押して、痛みの程度を把握しましょう。緊急性や重症度が低い場合には、他の原因を探り続けるのではなく、児童の症状の軽減を図る対応も行うことが必要となります。

　腹痛の場合、一般的には、消化不良や風邪、便秘が原因のことが多いです。苦痛の軽減を図る対応として、ベッドに側臥位（腹筋を和らげ、嘔吐時誤飲を予防できる）で寝るようにし、温罨法をして安静を図りながら状態の変化を観察していきましょう。ただし、急性虫垂炎を疑う場合は、炎症を促進するため温罨法はしないように注意しましょう。ベッドで休養させている時に、生徒の状態を見るタイミングとしては、授業の区切りであるチャイムをきっかけにするのもよいです。軽減していたら教室に復帰する。症状が継続している時は早退をして受診させることや、自宅で落ち着いて休息をとれるように促します。その場合、早めに担任への連絡、相談、保護者への連絡をして、速やかに早退ができるようにしましょう。

　この事例のように風邪が原因と考えられた場合、今後、他の児童、生徒に感染し広がっていく事が考えられます。クラス担任に、児童の様子を報告し、クラス全体の様子を聞くだけなく、学年や学校全体の様子も他の教員に確認しつつ、予防活動もしていきましょう。

　小学校高学年以降の女子であれば、生理痛をはじめとする婦人科臓器による症状であることも考えられます。生理に関連した痛みではないかを確認する必要があります。まれに、子宮外妊娠ということもあります。

　最後に、過敏性腸症候群のように心因性が原因の腹痛を訴える児童、生徒も増えています。その場合は、「どのような時に」の内容を丁寧に聞き取ると手がかりがつかみやすいでしょう。腹痛は、よくみられる症状の1つです。速やかに適切な対応できるようにしておきましょう。

CASE③　お腹が痛い！　～風邪による消化不良の疑い～

用語の解説

▶1 過敏性腸症候群

　緊張や精神的な不安、ストレスにより自律神経が乱れ、それが原因で下痢や腹痛になることをいいます。

　腸と脳は自律神経でつながれているため、脳が感じた不安やプレッシャーなどのストレスは自律神経を介して腸に伝わり、運動異常を引き起こします。過敏性腸症候群の場合、腸が敏感になっているため、少しのストレスにも反応します。そのため腹痛でも脳は敏感になり不安も症状も増幅するのです。中学生や高校生にも過敏性腸症候群の症状の訴えが増えてきています。

▶2 腸蠕動音

　腸が内容物を口側から肛門側へ送り出す運動を蠕動といいます。その音が腹腔内に伝わり、聴診器の膜面を用いて聴くことができます。その時の音を腸蠕動音といいます。

▶3 マックバーネー点・ランツ点の圧痛

　刺激を加えた時に痛みを感じる部位を圧痛点といいます。

　圧痛点を触診するには最初から指1本で触れるのではなく、周囲の広い範囲から特定していき、最終的に圧痛が限局する分を探りあてます。

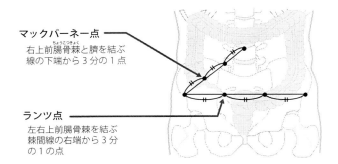

マックバーネー点
右上前腸骨棘と臍を結ぶ線の下端から3分の1点

ランツ点
左右上前腸骨棘を結ぶ棘間線の右端から3分の1の点

▶4 腹膜刺激症状

　腹膜刺激症状には①筋性防御、②反跳痛、③踵落とし衝撃試験があります。

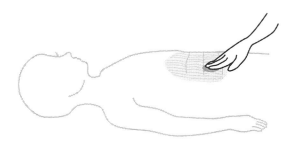

①筋性防御
腹壁を押し下げた時に痛みがあった場合の腹筋の緊張をいいます。

44

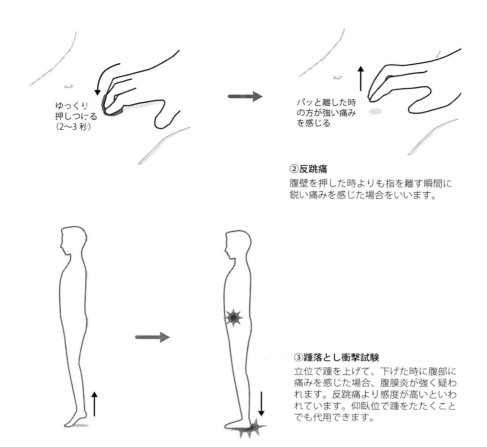

②反跳痛
腹壁を押した時よりも指を離す瞬間に
鋭い痛みを感じた場合をいいます。

③踵落とし衝撃試験
立位で踵を上げて、下げた時に腹部に
痛みを感じた場合、腹膜炎が強く疑わ
れます。反跳痛より感度が高いといわ
れています。仰臥位で踵をたたくこと
でも代用できます。

内科編

【引用文献】
・草川功監修、全養サ書籍編集委員会『ここがポイント！学校救急処置―基本・実例、子どものなぜに応える』農文
協、2013

CASE③ お腹が痛い！ ～風邪による消化不良の疑い～　45

CASE 4 お腹が痛い！
虫垂炎の疑い

中学校3年生の男子（D君）。朝、登校後すぐに、みぞおちのあたりをおさえながら保健室に来室しました。昨夜の夕食後より、胃のあたりにズキズキとした痛みを感じていました。下痢もあったため母親に相談したところ、「食べ過ぎじゃないの？」と言われて、仕方なく我慢して寝たのですが痛みが気になってなかなか眠れませんでした。朝になって痛みと吐き気もあり、朝食は食べられなかったのですが、とりあえず学校には登校しました。

 事例から読み取れる情報を書き出してみましょう

- 中学校3年生の男子（D君）
- 腹痛、吐き気が主訴
- 昨日の夕食後から胃のあたりがズキズキと痛く、下痢があった
- 痛くてよく眠れなかった
- 今朝は痛みと吐き気があったが、登校した

 事例の主訴から想起できる主な疾病や病態などを書き出してみましょう

【緊急性や重症度の高い疾病や病態（頻度は低くても見逃してはいけないもの）】
・食中毒、急性虫垂炎、消化管穿孔▶1、腹膜炎、腸閉塞、ヘルニアなど

【学校でよくみられる疾病や病態】
・感染性胃腸炎、便秘、下痢、過敏性腸症候群、排尿・排便の我慢など

【この事例で考えられる疾病や病態（可能性の高そうなもの）】
・急性胃腸炎、急性虫垂炎など

 追加して知りたいことはどのような情報ですか？ 情報収集の視点と内容を書き出してみましょう

【情報収集の視点】
①一般状態
②主訴についての詳細および随伴症状、腹痛や下痢、便秘を主訴とする疾患・病態の有無
③既往歴、現病歴の確認
④行動の確認（激しい運動や打撲エピソードの有無）
⑤食欲、食事の内容
⑥睡眠の状況
⑦クラスや学年の感染症罹患状況
⑧精神状態

【情報収集の内容】
〈問診〉
　①腹痛の発症時期（いつから）：数日前・数時間前・突然起こったか、どの位続いているか
　②腹痛の発症部位（どこが）：腹全体、片側だけ、胃から臍にかけて、下腹部など
　③腹痛の性状（どのように）：初めて経験する痛みか、痛みは軽減する場合とひどくなる場合があるか、何をすると痛む程度が変わるか、ズキズキ、キリキリ、鋭いか鈍いか
　④腹痛の程度：我慢できない、不快なくらい
　⑤食事摂取の状況：夕食、朝食はどのくらい食べられたか、いつも通りの量か、食欲はあったか、生ものを食べたか
　⑥消化器症状：吐き気や嘔吐、下痢の有無
　⑦風邪などの感染症への罹患：鼻汁、咳、倦怠感、寒気、熱感、家族の風邪への罹患の有無
　⑧睡眠時間と睡眠の質：平時、昨日、今日の違いも含めて
　⑨ここ数日の腹部打撲など外傷の有無
　⑩他に気になる身体症状の有無
　⑪虫垂炎の既往の有無（腹部手術の既往）
　⑫生理中ではないか、生理予定日が近くないか（女子の場合）
　⑬精神的苦痛：気になる事、悩みの有無（学校生活、友人関係、勉強、家族の事など）
〈視診〉
　①顔色・顔貌
　②全身状態・姿勢
　③手術痕の有無
〈聴診〉
　腸蠕動音の確認
〈触診・打診〉
　①痛む部位の確認（D君に自分で触ってもらう。痛みから離れた部位→痛みの近くの部位を触る）
　②痛む部位の圧痛（マックバーネー点、ランツ点の圧痛）の有無（＊内科編 CASE③▶3参照）
　③腹部腫瘤の有無
　④腹部の張り、熱感、冷感の有無
〈検査〉
　①バイタルサイン（意識、体温、脈拍、呼吸、血圧）
　②腹膜刺激症状（筋性防御・反跳痛・踵落とし衝撃試験）の確認（＊内科編 CASE③▶4参照）
〈慢性症状〉
　①腹痛、②嘔気・嘔吐、③下痢、④発熱
〈急性期症状〉
　①腹痛の増強、②腹痛の部位の変化、③体温の上昇、④血圧の上昇・脈圧の増大、⑤異常姿勢（前傾のくの字）

 追加情報を確認して、次に進みましょう

〈追加情報〉　D＝D君　養＝養護教諭
D：今まで胃の痛みや腹痛の経験がなく、今回、痛みがなかなかよくならないため、自分

CASE④　お腹が痛い！〜虫垂炎の疑い〜

でも驚いている。前日に激しい運動や打撲もしていない。夕食は鍋焼きうどんとかぼちゃの煮物と野菜サラダだったが、そんなに食べ過ぎた覚えはない。痛いところがみぞおちのあたりからだんだん右下脇腹の方に移動してきている感じもあり、痛み方もズキズキと激しくなっている。

養：意識清明。質問には応えられる。急な腹痛であり、かなりの激痛である。痛みが持続かつ増強している。顔面蒼白（＋）、嘔吐（＋）、下痢（＋）、筋性防御（＋）、体動時の痛み（＋）、腹膜刺激症状（＋）、マックバーネー点の圧痛（＋）、腹部打撲等の外傷（－）、他の身体症状（－）、腸蠕動音亢進（＋）、食欲（＋）、生ものの摂取なし。普段は不眠症状はないが、昨夜は痛みでよく眠れなかった。虫垂炎の既往（－）。クラスや他学年でも感染症に罹患している生徒はいない。精神的苦痛（－）。
T＝38.0℃、P＝96回／分（整だが微弱）、R＝22回／分、BP＝120／76mmHg。

 D君の状態をアセスメントしましょう

【緊急性や重症度の高い場合】
（1）腹痛を訴える症状で緊急性が高い場合
　持続する痛みや急な激痛、筋性防御（腹部を軽く触った時、お腹が痛みで緊張して異常に硬い）や反跳痛（手で痛いところを押さえた時よりも離した方が、痛みが強くなる）がみられる場合は腹膜刺激症状を疑い、緊急性が高くなる。
（2）腹痛を訴える症状で重症度が高い場合
　発熱、嘔吐、下痢という症状から、消化器系の臓器の何らかの感染を疑い、食中毒、感染性胃腸炎や急性虫垂炎から腹膜炎に進行する可能性を考えて重症度は高いと考える。そして、緊急性、重症度共に保健室で様子を見ていてよい状態ではないと判断する。

【緊急性や重症度の可能性が高くない場合】
　D君の場合、前日に激しい運動や打撲などもしていないことから、外傷性の腹痛は否定できる。また、前日の夕食もうどんや煮物と火が通った消化のよいものであったことから、食中毒や感染性胃腸炎の可能性も低いと思われる。

 アセスメントをもとに何を行うのか書き出しましょう

（1）腹痛や嘔気、発熱など不快症状の軽減のためにベッドで安楽な体位で休ませる。楽になるようであれば、発熱に対して冷罨法を行う。
（2）症状から考えられる病態の可能性を説明し、不安が強くならないように配慮をしつつ保

護者と共に医療機関を受診することを話す。
（3）もしも虫垂炎であるならば、早めに処置を受けることが重要であり、保健室で様子を見
　　ていると重症化してしまう可能性があることを伝える。
（4）担任への状況報告と保護者への連絡を依頼する。
　　→担任ができない場合は養護教諭から連絡してよいか確認する。
（5）できるだけ早く保護者に迎えに来てもらうように連絡をするが、保護者がすぐに来られ
　　ない時は、保護者としっかり、どの医療機関を受診するか、受診する医療機関について相
　　談し、学校から受診する。
（6）学校から受診する場合は、担任や管理職への報告、連絡を行う。

7　この事例からの学び（考え方の解説）

　児童の場合、「痛い」という症状が身体に起きていることを、正確にとらえることが難しく、痛みを感じる部位と痛みの原因となっている臓器の部位が必ずしも一致しないので、主観的な痛みの訴えと客観的なデータをうまく組み合わせて考えながら、緊急を要する疾患を見落とさないよう慎重に判断していく必要があります。

　特に腹部は身体の中で、横隔膜直下から骨盤底までの臓器が含まれるため、その臓器の位置を念頭に、問診や触診でその臓器を推測し、状態を判断する必要があります。女子の場合は、婦人科系疾患の可能性を考え、子宮外妊娠や卵巣嚢腫茎捻転[2]などに注意した方がよいでしょう。一方、男子の場合は精巣捻転[3]があり、睾丸痛を訴える場合は速やかに泌尿器科を受診するようにしましょう。

　本事例である急性虫垂炎とは、俗に「盲腸」といわれていますが、盲腸は虫垂がつながっている大腸の部分の名称であり、炎症の場所は虫垂であるため、「急性虫垂炎」が正しい疾患名です。虫垂に何らかの原因で炎症が起こり、化膿すると、急性虫垂炎となります。症状は、熱は37度から38度くらいのことが多いです。代表的な症状は、急な腹痛、発熱、嘔気・嘔吐、圧痛です。嘔吐や下痢から始まる腹痛は、ほぼ胃腸炎と考えてよいといわれていますが、急性虫垂炎の初期は、腹痛から始まり、後から嘔吐や下痢がきます。臍の周りや上腹部が痛くなり、「何となくみぞおちあたりが気持ち悪い」という症状から始まり、だんだんと右下腹部に痛みが移動する例が多く、虫垂が破れると下腹部全体が痛くなります。D君は昨夜からみぞおちあたりに痛みを感じ、その後、下痢、嘔気・嘔吐、発熱が出現したことから、急性虫垂炎を疑いました。そこで、腹部触診を行ったところ、マックバーネー点の痛みや、反跳痛、筋性防御が認められたこと、下腹部全体に痛みが移動してきていることが急性虫垂炎の症状と一致しました。

　痛みの時間経過・部位の変化をみて、マックバーネー点・ランツ点の痛みを確認すると共に、随伴症状（体温、脈拍、嘔気等）を確認するようにしましょう。顔面蒼白になり、

冷や汗、脈も微弱・頻脈でショック症状を示します。また、上体をまっすぐに伸ばすことが困難になり、前傾の「くの字」に曲がり、あえぐような格好になることが多いです。また、体動で痛みが悪化するため、そろりそろりと歩いたり、じっと横になっていることが多いです。

　急性虫垂炎の疑いがある場合は、温めることは炎症症状を促進させ、穿孔（臓器に穴が空くこと）を誘発するので、絶対に温めてはいけません。進行すると化膿性腹膜炎を併発する可能性もあり、反跳痛や筋性防御といった腹膜刺激症状が確認された場合は、早急に医療機関に搬送する必要があります。

　痛みの訴えに対して、さまざまな可能性を探りつつ、このまま保健室でみていてよい腹痛かどうかの見極めが重要といえます。

用語の解説

▶1　消化管穿孔
　消化管のどこかに何らかの原因で穴が開き、腸管内容が腹腔内に漏れて腹膜炎を起こす疾患です。

▶2　卵巣嚢腫茎捻転
　卵巣を支えている靭帯が捻転することによって、卵巣栄養血管が遮断されて引き起こされる病態のことです。普通の状態であれば、卵巣を支える靭帯が捻転することはありませんが、卵巣腫瘍が肥大化すると、その重みに耐え切れずに卵巣が回転し、卵巣がうっ血した状態になり、さらに卵巣嚢腫は腫大します。正常卵巣の茎捻転は卵巣茎捻転の5％以下ですが、そのうち半数以上が15歳以下であるといわれています。

▶3　精巣捻転
　思春期および新生児期が好発年齢です。思春期では、精巣の発達が不完全であるため生じることが多いです。突然陰嚢痛、下腹部痛が出現し、しばしば嘔吐を伴います。陰嚢の腫大と発赤がみられるが発症当初の発熱は認められません。疼痛は激しく、精巣を挙上すると疼痛が増強することが多いです。

CASE 5 気持ちが悪い！
感染性胃腸炎の疑い

中学校3年生の女子（Eさん）。11月20日の朝、目が覚めると、何となく気持ちが悪く、登校直前にお腹を下して、何度もトイレへ駆け込んだそうです。

Eさんは「またテスト前のストレスか……」と落ち込み、「今回のテストはどうしても欠席できない、テストに負けない強い身体をつくらないと！」と自分に言い聞かせ、下痢が落ち着くのを待ち、がんばって登校したのですが、教室に入り、着席したとたんに机上に嘔吐してしまいました。その様子を見ていた友人が保健室に養護教諭を呼びに来室したのでした。

 1 事例から読み取れる情報を書き出してみましょう

- 中学校3年生の女子（Eさん）
- 気持ちが悪いが主訴
- 症状は下痢、嘔吐
- 試験前になるとストレスにより下痢を起こすことを自覚している
- 下痢が落ち着いてから登校した
- 着席したとたん、机上に嘔吐した
- 嘔吐した様子を見ていた友人が、養護教諭を呼びに保健室に来室した

 2 事例の主訴から想起できる主な疾病や病態などを書き出してみましょう

【緊急性や重症度の高い疾病や病態（頻度は低くても見逃してはいけないもの）】
- 頭蓋内圧亢進（内科編CASE①▶9参照）、頭蓋内出血、髄膜炎、急性腹症（急性虫垂炎、胆嚢炎、膵臓炎、腸閉塞、胆石症、消化管穿孔など）、消化性潰瘍、食物アレルギー、アナフィラキシー、ショック症状、ぜんそく発作、急性心筋梗塞、薬物中毒・誤飲・副作用など

【学校でよくみられる疾病や病態】
- 周期性嘔吐症、片頭痛、腹部打撲、頭部外傷、月経困難症、過敏性腸症候群（内科編CASE③▶1参照）など

【この事例で考えられる疾病や病態（可能性の高そうなもの）】
- 感染性胃腸炎（食中毒を含む）、感染症、心因性嘔吐、脱水、睡眠不足など

追加して知りたいことはどのような情報ですか？ 情報収集の視点と内容を書き出してみましょう

【情報収集の視点】
《Eさんに対して》
　①一般状態
　②主訴についての詳細
　③主訴以外の症状（随伴症状など）
　④睡眠の状況
　⑤既往歴（食物アレルギー、心疾患、呼吸器疾患、消化器疾患）
　⑥外傷（腹部・頭部打撲）の有無
　⑦精神状態
《学級の生徒の健康状態》
　同様な症状を訴える生徒の存在の有無
《地域・学校の感染症情報》
　感染性胃腸炎の流行の有無

【情報収集の内容】
〈急性期症状〉
　意識障害、けいれん、噴射する嘔吐、脳神経症状、頭部の激痛、腹部の激痛、循環障害、体温の上昇。Eさんの歩行が可能なら、付き添いのもと保健室へ移動させる（移動の時は汚物袋、手袋を持参）
〈問診〉
①どこが、どのように、いつもと違うのかを問診する
②既往歴、内服薬の有無
③嘔気、嘔吐、下痢の状況：量、色、匂い、血液混入などの状況
④嘔気、嘔吐、下痢に関する情報：いつから、程度、初めて、頻回に起きるか
⑤消化器症状に関する情報：食欲、食事量、食事の時間、夕食、朝食の内容、いつもとの違い
⑥その他の症状：腹痛、頭痛、倦怠感、寒気、熱感、咳嗽、咽頭痛、口頭痛の有無
⑦睡眠の状況：就寝・起床時間、熟睡度、昨夜は何時に寝て今朝は何時に起きたか。よく眠れたか、いつもと比べてどうか
⑧数日以内に頭部外傷の経験はないか
⑨水分補給の有無
⑩月経の時期
⑪精神的苦痛：気になる事、悩みの有無（学校生活、友人関係、勉強、家族の事など）
※本人だけではなく、学級担任や地域保健センター等からも情報を得る。学級担任からは、他の生徒の健康状態（同様な症状の生徒の有無）や欠席状況について確認をする。地域保健センター等からは、感染性胃腸炎等の感染症が流行していないか情報を得る
〈視診〉
①顔色、顔貌、表情、問診時の受け応えの様子、眼（眼振、結膜充血、黄染、瞳孔経、眼位）、腹部（皮下出血、腹壁の膨隆や陥没）
②嘔吐物の状態（量、色、臭い、血液混入、胆汁混入などの状況）
③四肢冷感

④咽頭、扁桃の発赤や腫脹の有無
　〈聴診〉
　　　①呼吸音
　　　②腸蠕動音（＊内科編CASE③▶2参照）
　　　　※触診や打診によって腸蠕動音が増強することがあるため、聴診は触診の前に行う
　〈触診・打診〉
　　　①頭部（圧痛、頭蓋骨陥没、皮下出血）、腹部（圧痛、反跳痛、筋性防御、腫瘤）
　　　②頸部リンパ節（圧痛、腫脹）
　　　　※深い触診は児童生徒への負担となるため、押し方に注意する
　　　③腹部圧痛（マックバーネー点、ランツ点の圧痛）の有無（＊内科編CASE③▶3参照）
　　　④腹部腫瘤の有無
　　　⑤腹部の張り、熱感、冷感の有無
　〈検査〉
　　　①バイタルサインの測定（意識、体温、脈拍、呼吸、血圧）
　　　②髄膜刺激症状（ジョルトサイン、項部硬直、ケルニッヒ徴候、ブルジンスキー徴候）
　　　　（＊内科編CASE①▶8参照）、瞳孔の検査（対光反射）
　　　③頭蓋内圧亢進症状の有無
　　　④腹膜刺激症状（＊内科編CASE③▶4参照）の有無
　　　⑤CRT（爪床血流充填時間）▶1
　　　⑥SpO₂（経皮的動脈血酸素飽和度）▶2

4　追加情報を確認して、次に進みましょう

〈追加情報〉　E＝Eさん　養＝養護教諭　CT＝学級担任　HC＝地域保健センター

E：「吐き気は、朝、目が覚めてから続いているが、吐いたのは1回」「下痢は登校直前から始まった。血液は混じっていない。落ち着くまで、3回トイレに駆け込んだが、今は下痢の症状はない」「下痢は、テスト前になるとよく起きる。今回もテスト前による下痢だと思っていた」「頭痛、だるさなどの症状はないが、時々腸がゴロゴロ動くような腹痛が起きる」「夕食はいつも通り食べられたが、朝食は吐き気があったため、いつもより少なめだった。6枚切の食パン4分の1枚と目玉焼き1つのみ」「昨夜はテスト勉強をしていて、寝るのがいつもより3時間遅くなったので、睡眠不足気味」「頭を打ったことは、ここ最近ない」「テスト前になると、緊張してお腹を壊すことがけっこうある」「生理中ではない」。

養：意識清明。質問には応えられる。嘔気（＋）、顔面蒼白・紅潮（−）、髄膜刺激症状（−）、頭蓋内圧亢進症状（−）、頭痛（−）、腹痛（＋）、眼の症状及び検査とも異常なし。リンパ節腫脹（−）、咳嗽（−）、咽頭痛・発赤（−）、腹部・頭部の圧痛（−）。
T＝37.5℃、P＝75回／分、R＝18回／分、BP＝110／70mmHg。

CASE⑤　気持ちが悪い！　～感染性胃腸炎の疑い～　　53

試験によるストレスで下痢症状を起こすことがあり、今回のテストのことが気になっていて精神的苦痛（＋）。

CT：「下痢や嘔気が原因で学校を１〜２日間ほど欠席した生徒が、先週は２名いたが、その生徒たちは現在、元気に登校している。生徒たちの診断名の報告はなかった。現在、欠席者はいない。同様な症状を訴える生徒もいない」。

HC：「学校周辺の地域では、幼児、高齢者の中でノロウイルスによる感染性胃腸炎が流行しており、発症者の主な症状は、嘔気、嘔吐、下痢である」。

 5　Eさんの状態をアセスメントしましょう

【緊急性や重症度の高い場合】

（１）嘔気、嘔吐の症状で緊急性が高い場合

　　頭部外傷や脳血管障害による脳出血や髄膜炎などの脳疾患、急性腹症（急性虫垂炎、腸閉塞、消化管穿孔など）、消化性潰瘍などの消化器系疾患、食物アレルギー、薬物中毒・誤飲・副作用が想定される場合は、緊急性が高いが、Eさんは上記の情報から緊急性は高くないと判断できる。

（２）嘔気、嘔吐、下痢の症状で重症度が高い場合

　　嘔吐が反復していたり、気分不良感や随伴症状が増悪していたりする場合、発熱（平熱より1.5度以上）、強い腹痛・頭痛・倦怠感がある場合、下痢に血便が混じる場合は、重症度が高いと判断され、速やかに医療機関への受診が必要となる。Eさんの現在の症状は、嘔吐と軽度の腹痛のため、重症度は低いと考えられる。

【緊急性や重症度の可能性が高くない場合】

　　問診から、Eさんは試験前のストレスによるストレス性胃腸炎、心因性嘔吐が疑われる。一方、現在、Eさんの学級には同様な症状（嘔気、下痢）を訴える生徒はいないが、学校周辺の地域には、同様な症状を訴える事例が頻発しているとの情報を、保健センターより得ている。そのため、感染性胃腸炎の疑いも否定できない。ウイルス性による感染性胃腸炎の場合、嘔吐物により感染拡大のおそれがあるため、感染防止対策も念頭においた対応を考えなければならない。

 6　アセスメントをもとに何を行うのか書き出しましょう

（１）保護者に連絡をして、医療機関の受診勧告をし、診断結果の報告を依頼する。
（２）保健室に来室した日が、ちょうど試験日であったため、試験を受けられないことによる精神的ストレスや不安感が増すおそれがあるため、気持ちを配慮した上で医療機関への受

診を勧める。
(3) 保護者が迎えに来るまで、保健室で休養するが、その際に、嘔吐物を受ける膿盆などをベッド上の枕脇に準備するなどして、周囲を汚さず処理しやすい環境をつくる。
(4) 嘔吐物が誤って気管に入る（誤嚥）ことを防止するため、回復体位、側臥位、座位で休養を勧める。
(5) 背中をさするなどのスキンシップにより、精神的安心感を与える。
(6) 嘔吐が治まっていれば、下痢や嘔吐による脱水を予防するため水分補給を勧める。
(7) 感染性胃腸炎の疑いを考慮し、集団感染の防止に努める。
　①感染性胃腸炎の症状（嘔吐、下痢、発熱、腹痛）が出た場合、医療機関に受診して、診断結果を学校に報告することを伝える。
　②学級における嘔吐物の処理を適切に行う。
　③欠席状況、欠席理由を把握する。登校生徒の健康状態を把握するため、健康観察を徹底する。
　④感染防止のための保健指導を行う（健康管理や正しい手洗いの方法など）。

この事例からの学び（考え方の解説）

「気持ちが悪い」という訴えは、さまざまな要因が考えられます。たとえば、頭部外傷による脳内出血に伴う脳圧亢進によるものがあります。また、外傷直後には症状がなくても、数日後に嘔気・嘔吐、頭痛などの症状が現れることもあります。そのため、「気持ちが悪い」と保健室に来室した場合は、数日以内に頭部打撲をしていないか確認することも重要です。また食物などのアレルギーによるアナフィラキシーショックの前兆であることもあります。

このように、嘔気・嘔吐には、緊急性を伴う外科的、内科的疾患が隠れていることもあるため、さまざまな疾患や身体的な異常を想定しながら、丁寧に注意深く問診を行う必要があります。今回の事例では「テスト前の心理的ストレスによる嘔気・嘔吐」と思い込みがちですが、いつもと同じ訴え・症状という見方をするのではなく、必ず、新たな目で問診、視診、触診、聴診、検査を行い、緊急性および重症度の有無を見極め、児童生徒の訴えの裏に潜む重篤な疾患や身体的な異常を見逃さないようにしましょう。

また、本事例のように、本人の症状は軽度であっても、感染性胃腸炎の場合は嘔吐物から感染が拡大し、集団感染を起こすことも否定できません。感染性胃腸炎による嘔気・嘔吐を想定し、学級や地域の保健・医療施設から感染症の発生状況を確認する必要があります。感染性の強いノロウイルスによる感染性胃腸炎が流行しやすい秋から冬にかけての季節は特に留意し、この時期は常に流行状況を把握しておくことで、迅速に対応できるようにしておかなければいけません。また感染性胃腸炎の場合、血便を伴うものは重症度が高く、中でも赤痢、腸管出血性大腸炎等は、学校保健安全法による出席停止処置だけでな

く、診察した医師および感染症法で診断した医師は、直ちに最寄りの保健所に届け出の義務のある感染症です。このように、1人の症状の訴えから、児童生徒全体の保健管理、保健教育につなげていくことも忘れないようにしましょう。また、嘔吐物の処理を適切に行うことで、感染拡大の防止につとめることが重要です（参考：厚生労働省、感染性胃腸炎（特にノロウイルス）について http://www.mhlw.go.jp/bunya/kenkou/kekkaku-kansenshou19/norovirus/）。

　今回はテスト前の勉強による睡眠不足や精神的ストレスにより、体調を崩し、免疫力が低下して感染症に罹患しやすい身体になっていたことも考えられます。試験前だからこそ、規則正しい生活を心がけ、自らの体調を管理していくことの大切さも伝えていく必要があります。

▶1　CRT（爪床血流充填時間）
　　トリアージに用いられる手法で、爪床を5秒間圧迫し解除後、爪床の赤みが回復するまでの時間のことをいいます。2秒以上であれば緊急治療の必要があり、2秒未満であれば循環に関する問題なしと判断されます。

▶2　SpO_2（経皮的動脈血酸素飽和度）
　　動脈血の酸素飽和度を経皮的に測定できるパルスオキシメーターという器械で測定する値の略語のことをいいます。90％未満になった場合には、PaO_2（動脈血酸素分圧）が60mmHgを下回ったことが予測できるため呼吸不全が疑われます。

CASE 6 気持ちが悪い！

 内科編

―― 食物アレルギーの疑い ――

> 小学校4年生の男子（F君）。給食中に気持ちが悪いと言って、学級担任に支えられながら保健室に来室しました。嘔吐はしていないようですが嘔気があり、時折咳をしており、口腔内の掻痒（そうよう）感を訴えています。学校に食物アレルギーの既往歴の報告はありません。

 1 事例から読み取れる情報を書き出してみましょう

- 小学校4年生の男子（F君）
- 給食中に気持ちが悪くなったが主訴
- 自立歩行に困難あり
- 嘔吐（－）嘔気（＋）咳嗽（＋）口腔内に掻痒感（＋）
- 食物アレルギーの既往歴報告（－）

 2 事例の主訴から想起できる主な疾病や病態などを書き出してみましょう

【緊急性や重症度の高い疾病や病態（頻度は低くても見逃してはいけないもの）】
- 食物アレルギーによるアナフィラキシーショック、腸管閉塞（イレウス）、頭部外傷

【学校でよくみられる疾病や病態】
- 食物アレルギー[1]、気管支喘息、感染性胃腸炎（食中毒含む）、急性虫垂炎、心因性嘔吐

【この事例で考えられる疾病や病態（可能性の高そうなもの）】
- 食物アレルギーによるアナフィラキシーショック、食物アレルギー、感染性胃腸炎（食中毒含む）

 3 追加して知りたいことはどのような情報ですか？ 情報収集の視点と内容を書き出してみましょう

【情報収集の視点】
① 一般状態
② 主訴についての詳細および随伴症状（消化器系）、嘔気に関する既往歴・現病歴の有無
③ 嘔気を伴う疾患や病態でみられる症状の有無
④ 摂食・偏食状況
⑤ 感染症発生状況
⑥ 精神状態

内科編

【情報収集の内容】

〈問診〉

①嘔気等の発症時期（いつから）：数日前・数時間前、何を食べたか、何を食べた後からか、どの位続いているか

②嘔気、嘔吐の状況：有無、回数、嘔吐物の色、量、性状等

③消化器症状：腹痛の有無（部位、疼痛の性質、食事摂取との関係等）、排便（回数、便秘、下痢、便の色、におい）、排便時痛の有無、排便時の出血の有無、下剤・浣腸の使用の有無

④嘔気以外の症状の有無：頭痛、上気道症状（息苦しさ、のどの閉塞感、嗄声（声がれ、声のかすれ）、咳、咽頭痛、鼻水・鼻づまり等）

⑤嘔気に関与する既往歴：アレルギー疾患（花粉症、気管支喘息、ラテックスアレルギー[2]、薬剤アレルギー等）の有無、同じような症状を呈した経験の有無など

⑥摂食状況：偏食の有無、何を食べたか、量

⑦他の身体症状の有無

⑧数日以内に頭部外傷の経験はないか

⑨感染症発生状況（感染性胃腸炎の流行等）

⑩精神的苦痛：気になる事、悩みの有無（学校生活、友人関係、勉強、家族の事など）

〈視診〉

①顔色・顔貌

②咽頭、扁桃、口腔内の発赤・腫脹

③皮膚の状態（発疹・発赤）

④けいれん

⑤腹部の静脈の怒張

⑥姿勢

〈触診・打診〉

①頭部（圧痛、頭蓋骨陥没、皮下出血）

②頸部リンパ節（圧痛、腫脹）※深い触診は児童生徒への負担となるため、押し方に注意する。

③腹部圧痛（マックバーネー点、ランツ点の圧痛）の有無（＊内科編ＣＡＳＥ③▶3参照）

④腹部腫瘤の有無

⑤腹部の張り、熱感、冷感の有無

〈聴診〉

①呼吸音

②腸蠕動音（＊内科編ＣＡＳＥ③▶2参照）

※触診や打診によって腸蠕動音が増強することがあるため、聴診は触診の前に行うとよい。

〈検査〉

①バイタルサインの測定（意識、体温、脈拍、呼吸、血圧）

②髄膜刺激症状（項部硬直、ケルニッヒ徴候、ブルジンスキー徴候、ジョルトサイン（＊内科編ＣＡＳＥ①▶8参照））、瞳孔の検査（対光反射）

③頭蓋内圧亢進症状の有無

④腹膜刺激症状の有無（＊内科編ＣＡＳＥ③▶4参照）

⑤CRT（爪床血流充填時間）

⑥SpO_2（経皮的動脈血酸素飽和度）

追加情報を確認して、次に進みましょう

〈追加情報〉　F＝F君　養＝養護教諭

F：「キウイフルーツが好きで、おかわりをして食べていたところ、口の中とのどがかゆくなり、だんだん咳がひどくなり、声も出なくなってきた。こんなことは初めて。今日の献立で苦手な物はない。数日前から風邪気味だった」。

養：質問すると答えるが次第にぐったりしてきた。そのうち強く咳き込むようになり、嗄声もあり、声が出しにくく、息苦しそうにしている。

喘鳴（－）、咽頭の腫脹（＋）、口の周り・口腔内の発赤・腫脹（＋）、その他の部位の発赤・腫脹（－）、悪心（＋）、嘔吐（－）、腹痛（－）、排便に異常なし、腹部の視診、聴診、打診、触診に異常なし、シラカバの花粉症（＋）、担任より偏食や悩み等の報告（－）、精神的苦痛（－）、頭部外傷（－）。

T＝36.8℃、P＝100回／分、R＝30回／分、BP＝90／60mmHg。
CRT（爪床血流充填時間）＝3秒、SpO_2（経皮的動脈血酸素飽和度）＝95％。

 F君の状態をアセスメントしましょう

【緊急性や重症度の高い場合】

	診断指標	F君の状態
全身の症状	ぐったり	（＋）→自立歩行できない
	意識もうろう	（＋）→意識レベルⅠ－1
	尿や便を漏らす	（－）
	脈が触れにくいまたは不規則	（＋）→脈が速くて弱い
	唇や爪が青白い	（＋）→CRT2秒以上
呼吸の症状	のどや胸がしめつけられる	（＋）→のどの閉塞感
	声がかすれる	（＋）→嗄声
	犬が吠えるような咳	（－）
	息がしにくい	（＋）→息苦しい
	継続する強い咳き込み	（＋）
	ゼーゼーする呼吸	（－）
消化器の症状	持続する強い（がまんできない）お腹の痛み	（－）
	繰り返し吐き続ける	（－）

※上記の症状が1つでも当てはまる場合は、【緊急性が高いアレルギー】である。

【その他の症状】
・嘔気はあるが、腹痛や嘔吐、その他の腹部の視診、聴診、打診、触診に異常はないため、腸管閉塞（イレウス）[3]の可能性は低い
・キウイフルーツを食べたことによって症状が出現しており、それまでは異常はなかったこと、嘔気はあるもののその他の消化器症状（－）、シラカバによる花粉症（＋）、口腔内・口周辺の発赤・腫脹（＋）から、
「口腔アレルギー症候群（OAS）によるアナフィラキシーショック」の可能性が高いと診断した。

【緊急性や重症度の可能性が高くない場合】
・悪心はあるが、腹痛や嘔吐、その他の腹部の視診、聴診、打診、触診に異常はない
　→急性胃腸炎（食中毒含む、急性虫垂炎）の可能性は低い
・喘息の既往歴（－）喘鳴（－）
　→気管支喘息の可能性は低い
・悩みや偏食等もみられない
　→心因性嘔吐の可能性低い

 ## 6　アセスメントをもとに何を行うのか書き出しましょう

(1) すぐに救急車を要請する。
(2) 安静を保つ。※血圧の低下があり、嘔気もあるため、安静体位（側臥位、顔を横に向ける）で足を少し（15cm程）高くできるようであればする。
(3) 家族に連絡をし、身体の状態と救急搬送することについて説明する。

7　この事例からの学び（考え方の解説）

　学校での食物アレルギーは、既往歴等の報告がなく、初発の発作である場合が多い。特に、本事例の口腔アレルギー症候群（OAS）は、花粉との交差抗原性[4]があるため、たとえ食物アレルギーの報告がなかったとしても、その児童のアレルゲンが何であるかを日常から把握しておく必要がある。また、アレルギー症状は、体調や多量な摂取量によっても発症する可能性があることも留意する。

　さらに、アナフィラキシーの場合、生命にかかわる緊急性が高い症状であることから、短時間に判断し、エピペン®[5]を打ったり、救急搬送したりするなどといった対応を迅速に行う必要がある。したがって、「食物アレルギー緊急時対応マニュアル」を作成し、教職員で周知徹底しておく必要がある。同時に、緊急時持ち出し救急セットには、時系列

記録用紙を準備しておくことも、救急隊や医師に状態を端的に伝えるために必要な配慮である。食物アレルギーの既往歴があり医師より「学校生活管理指導表」を処方されている児童生徒については、保管には十分留意しながら、緊急時には「学校生活管理指導表」をすぐに閲覧できるようにしておく。

▶1　食物アレルギー

食物によって引き起こされる抗原特異的な免疫学的機序を介して生体にとって不利益な症状が惹起される現象をいいます（食物アレルギー診療ガイドライン、2012）。食中毒、毒性食物による反応、ヒスタミン中毒、食物不耐症（仮性アレルゲン、酵素異常症など）は含みません。

▶2　ラテックスアレルギー

皮膚と天然ゴム中のラテックスタンパク質との接触により、赤み、かゆみ、じんましんなどの皮膚障害が発現するものです。まれにアナフィラキシーショックを引き起こす場合があります。

▶3　腸管閉塞（イレウス）

腸の一部が狭くなったり、腸の動きが悪くなったりすることで、食べた物が腸につまり、突然、腹部が膨満し、強い痛みと吐き気や嘔吐が起こる病気です。痛みは、激痛が続く場合と、強い痛みの後でやや症状が治まるといった強弱が繰り返される場合とがあります。

▶4　交差抗原性

ある種の動植物タンパク質に対してアレルギー反応を示す場合、種の近い動植物のタンパク質にもアレルギー反応を示すことがあります。

表6-1　花粉との交差抗原性が報告されている果物・野菜などの組み合わせ

花粉		果物・野菜など
カバノキ科	シラカバ、ハンノキ、オオバヤシャブシ	バラ科（リンゴ、西洋ナシ、サクランボ、モモ、スモモ、アンズ、アーモンド）、セリ科（セロリ、ニンジン）、ナス科（ポテト）、マタタビ科（キウイ）、カバノキ科（ヘーゼルナッツ）、ウルシ科（マンゴー）、シシトウガラシなど
ヒノキ科	スギ	ナス科（トマト）
イネ科	ティモシーグラス（オオアワガエリ）、ライグラス（ホソムギ）	ウリ科（メロン、スイカ）、ナス科（トマト、ポテト）、マタタビ科（キウイ）、ミカン科（オレンジ）、豆科（ピーナッツ）など
キク科	ヨモギ	セリ科（セロリ、ニンジン）、ウルシ科（マンゴー）、スパイスなど
	ブタクサ	ウリ科（メロン、スイカ、カンタロープ、ズッキーニ、キュウリ）、バショウ科（バナナ）など
スズカケノキ科	プラタナス	カバノキ科（ヘーゼルナッツ）、バラ科（リンゴ）、レタス、トウモロコシ、豆科（ピーナッツ、ヒヨコ豆）

独立行政法人環境再生保全機構「ぜん息予防のためのよくわかる食物アレルギー対応ガイドブック2014」より引用

▶5　エピペン®

　強いアナフィラキシーが起こった時に患者が応急処置をするための自己注射薬で、アドレナリンの薬液と注射針が内蔵されています。アドレナリンには心臓の機能を高めて血圧を上昇させ、ショック症状を改善する効果と、気道を広げて呼吸器症状を改善する効果があります。緊急時に使用する、ショック状態緩和のための補助治療薬であるため、使用後は直ちに医療機関を受診する必要があります。

　エピペン®が処方されている患者でアナフィラキシーショックを疑う場合、下記の症状が1つでもあれば使用すべきでしょう。

消化器の症状	・繰り返し吐き続ける　・持続する強い（がまんできない）お腹の痛み
呼吸器の症状	・のどや胸が締めつけられる　・声がかすれる　・犬が吠えるような咳 ・持続する強い咳き込み　・ゼーゼーする呼吸　・息がしにくい
全身の症状	・唇や爪が青白い　・脈を触れにくい・不規則　・意識がもうろうとしている ・ぐったりしている　・尿や便を漏らす

（日本小児アレルギー学会アナフィラキシー対応ワーキンググループ「一般向けエピペン®の適応」より引用）

【引用文献】
・相馬朝江編集『目でみる症状のメカニズムと看護』学研メディカル秀潤社、2005
・東京都健康安全研究センター「食物アレルギー緊急時対応マニュアル（2017 年版）」（http://www.tokyo-eiken.go.jp/kj_kankyo/allergy/to_public/kinkyu_manual）
・アナフィラキシー補助治療剤 - アドレナリン自己注射薬エピペン®「エピペンを使用された患者様とご家族のためのページ」マイラン（http://www.epipen.jp/top.html）
・日本小児アレルギー学会アナフィラキシー対応ワーキンググループ「一般向けエピペン®の適応」2013 年 7 月 24日（http://www.jspaci.jp/modules/membership/index.php?page=article&storyid=63）
・独立行政法人環境再生保全機構「ぜん息予防のためのよくわかる食物アレルギー対応ガイドブック 2014」

CASE 7 体がだるい！

貧血（白血病の疑いを含む）の疑い　―内科編―

とても活発で授業中の発言も絶えない中学校1年生の女子（Gさん）。陸上部所属で朝練、放課後の練習共に毎日頑張っています。学級担任のA先生は、朝の会の健康観察でGさんの元気のない様子が気になり、「具合悪いの？」と聞いてみたところ、Gさんは「いつも通りです」と答えたため、A先生は「部活の朝練で疲れているのかな」と思い、そのまま様子をみることにしました。そして翌日、A先生が担当する社会科の授業でGさんが授業に集中できず、ぐったりとしている様子が気になったので、Gさんに体調を聞いたところ、Gさんは「何となく体がだるくて……」と応えたため、A先生はGさんを保健室に連れてきました。

 1　事例から読み取れる情報を書き出してみましょう

- 中学校1年生の女子（Gさん）
- 体がだるいが主訴
- 活発で授業中の発言も絶えない。陸上部所属
- 元気がない様子がうかがえたため、A先生は体調を確認したが、Gさんは「いつも通り」と返答
- その翌日は、授業に集中できず、ぐったりとしている様子であった

 2　事例の主訴から想起できる主な疾病や病態などを書き出してみましょう

【緊急性や重症度の高い疾病や病態（頻度は低くても見逃してはいけないもの）】
- 内分泌疾患（糖尿病、甲状腺機能低下症）、心疾患、呼吸器疾患、消化器疾患（胃炎、膵炎など）、肝疾患（肝炎）、腎臓疾患（腎炎、ネフローゼ症候群）、ホルモン異常、免疫疾患（膠原病、若年性関節リウマチなど）、白血病など

【学校でよくみられる疾病や病態】
- 月経困難症、過度のダイエット、低血圧、慢性疲労、自律神経の不調（起立性調節障害、生活習慣の乱れ）薬剤の副作用（抗不安薬、睡眠薬など）、心身症、うつ病、不安障害、適応障害、統合失調症、摂食障害など

【この事例で考えられる疾病や病態（可能性の高そうなもの）】
- 生理的疲労（過度の勉強、運動、睡眠不足、休息不足、栄養不足など）、感染症（細菌性、ウイルス性）、脱水、貧血、熱中症、過度の悩み、ストレスなど

追加して知りたいことはどのような情報ですか？ 情報収集の視点と内容を書き出してみましょう

【情報収集の視点】
①一般状態
②主訴についての詳細・主訴以外の症状（随伴症状など）
③既往歴の有無
④生活リズムについて
⑤精神状態

【情報収集の内容】
〈問診〉
①どこが、どのように、いつもと違うのかを問診する
②倦怠感に関する情報：いつから、程度、初めて、頻回に起きるか
③既往歴、内服薬の有無
④その他の症状：（腹痛、頭痛、寒気、熱感、咳嗽、咽頭痛、口頭痛、口渇、めまい、立ちくらみ、息切れ、動悸、嘔吐、下痢、便秘、体のむくみ、眠気）の有無、継続している症状
⑤生活リズム、生活環境の変化、いつもとの違いについて：
　　　　（食事）食欲、食事量、食事の時間、夕食、朝食の内容
　　　　（睡眠）就寝・起床時間、熟睡度、睡眠不足、眠気、眼精疲労
　　　　（休養）休養不足、疲労感、激しい運動を長時間行った
⑥水分補給の有無
⑦月経の時期
⑧精神的苦痛：気になる事や悩みの有無（学校生活、友人関係、勉強、家族の事など）
⑨精神的な症状の有無：不安感、イライラ感、自責感、幻覚、幻聴、希死念慮、妄想

〈視診〉
①顔色（紅潮または蒼白、チアノーゼ）、顔貌、表情、問診時の受け応えの様子、眼（結膜充血、黄染）、眼瞼結膜の蒼白の有無
②皮膚（発疹、乾燥、皮下出血、四肢冷感、チアノーゼ）、さじ状爪
③口腔（咽頭、扁桃の発赤や腫脹の有無、乾燥）口内炎、口角炎、舌炎の有無
④体格（肥満、るいそう）

〈触診・打診〉
　頸部リンパ節（圧痛、腫脹）、甲状腺、浮腫▶1、四肢冷感

〈聴診〉
　腹部（腸蠕動音）

〈検査〉
　バイタルサインの測定（意識、体温、脈拍、呼吸、血圧）

〈慢性症状〉
　倦怠感、疲労感

〈急性期症状〉
　意識障害、動悸、息切れ、顔面蒼白、嘔気・嘔吐、チアノーゼ、体温上昇

64

4 追加情報を確認して、次に進みましょう

〈追加情報〉　G＝Gさん　養＝養護教諭

G：「ふりかえると、先週から何となく体調が優れなかった感じ」「今日は、いつもよりだるい感じがする」「その他の症状といえば、最近、ふらつきやめまいがすることがある」「生活リズムはいつもと変わらないし、休養もしっかりとっているけれど、何だか疲れがとれない」「体調が優れないのに無理して、部活の朝練に参加したのがよくなかったのかな。でも、自分の体調を考えて、いつもより練習量を少なくした。脱水にならないように水分補給はしっかりとした」「生理中ではない」「不安なことや悩んでいることはないかな。強いていえば、早く体調がよくなってほしいこと」。

養：意識清明。質問への受け応えはしっかりしている。倦怠感以外に「立ちくらみ、疲労感」の症状がある。保健調査票から既往歴はなし。
顔面蒼白（＋）、眼瞼結膜の蒼白（＋）、リンパ節腫脹（−）、咳嗽（−）、咽頭痛・発赤（−）、皮膚の発疹・皮下出血・浮腫・チアノーゼ（−）、肥満・るいそう（−）、四肢冷感（＋）、腸蠕動音は良好。
T＝36.3℃、P＝80回／分、R＝19回／分、BP＝115／70mmHg。

 5 Gさんの状態をアセスメントしましょう

【緊急性や重症度の高い場合】
　問診から、Gさんは睡眠不足や休養不足、食生活の乱れ、過度の勉強・運動などによる生理的疲労から発症する倦怠感、疲労感ではないと判断できる。また、不安感やイライラ感、過度の悩み、ストレスによる心因性が原因ではないと判断できた。Gさんのその他の症状に、ふらつき・めまい、顔面蒼白、眼瞼結膜の蒼白があり、これらの症状から緊急性・重症度が高いと考えられる疾患および身体的な異常には、貧血があげられる。貧血の原因には、過多月経[2]、子宮筋腫、卵巣嚢腫、消化器疾患などによる慢性的な出血や鉄分の摂取不足による鉄欠乏性貧血の他、再生不良性貧血、溶血性貧血、白血病などの疾患が想定される。そのため、保健医療機関への速やかな受診、精密検査が必要となる。

 6 アセスメントをもとに何を行うのか書き出しましょう

（1）Gさんは、激しい運動やストレスを抱えているわけでもなく、休息、睡眠も十分にとっている。しかし、倦怠感や疲労感が１週間続いており、顔面蒼白、四肢冷感の随伴症状も

みられる。これらの問診、視診、触診結果から貧血の疑いがあり、その背景に重大な疾患が隠れているおそれがある。そのため、速やかな医療機関への受診、疾患や身体的異常の早期発見につとめることが重要である。

（2）受診勧告の際には、フィジカルアセスメントの結果を本人、保護者に丁寧に説明し、受診の必要性を理解した上で医療機関に受診できるように配慮する。

（3）医療機関に受診した結果、疾患や身体的な異常がみつからなかった場合、心理的要因や社会的要因など他の要因が考えられるため、診断結果は学校に報告するように依頼する。

（4）保護者が迎えに来るまで、保健室で休養する。その際には、安楽・安全に休養できるように、保健室の気温、湿度やベッド周囲の照度などの環境に配慮する。

四肢冷感に対して、温罨法により保温し、血液循環を促す。その際には、保温器具は直接皮膚にあてないようにし、低温火傷に注意する。ただし、炎症症状がある場合は、温罨法は行ってはいけない。

7 この事例からの学び（考え方の解説）

「だるい」という主訴の背景には、疲れや生活習慣の乱れ、風邪やインフルエンザなどの感染症の他、自律神経の不調、精神疾患、貧血、肝炎、白血病など重篤な疾患が隠れていることもあります。また、病気の始まりによるサインであることも考えられるため、積極的に問診を行いながら、児童生徒の身体的な観察が重要となります。児童生徒のちょっとした体の変化を大したことはないと、簡単に片づけるのではなく、主訴の他に現れている症状を見逃さないために、疑われる疾患や体の異常を想定しながら、フィジカルアセスメントを行い、重大な疾患の早期発見につとめることが大切です。倦怠感以外の随伴症状に注意してフィジカルアセスメントを行い、原因疾患をある程度推測することも大切です。そして、専門的な立場から受診の必要性を児童生徒および保護者に説明をし、理解を得られた上での受診となるように心がけましょう。

本事例では、Gさんの状態をアセスメントした結果、貧血が考えられました。最も多い貧血の種類は鉄欠乏性貧血であり、これは食事による鉄の摂取不足や消化管からの鉄吸収障害、成長期に伴う鉄の需要量の増加、慢性出血性疾患や月経過多による鉄の喪失量の増加などが原因としてあげられます。その他、貧血には造血幹細胞の異常により赤血球の生産が低下する再生不良性貧血や白血病、赤血球が傷害・破壊されて貧血をきたす溶血性貧血などがあります。このように重篤な疾患が隠れている場合もあるため、養護教諭は児童生徒の疾患や病態の早期発見につとめ、早期治療へとつなげていくことが求められます。

一方、倦怠感の原因には、食事、睡眠などによる生活習慣の乱れやストレスが原因で倦怠感を訴える児童生徒たちも少なくありません。そのような場合、自分の生活をふりかえる機会をつくり、生活リズムを整えられるように保健指導につなげていくことが大切です。一度限りの保健指導ではなく、継続的に症状や訴えを確認して、児童生徒個々に応じ

た対応をしていくことが重要です。

　また、社会的、心理的要因により倦怠感を訴える児童生徒もいるため、問診の際には、いじめや教員および児童生徒との対人関係、精神的ストレスの有無についても丁寧に確認し、その対処法を共に考えていくことが求められます。

　児童生徒が「だるい」と訴えたら、「いつもと同じ症状」「心理的なもの……」などと偏見を持たずに、訴えを肯定し共感を持ちながら傾聴することが大切です。養護教諭のその態度から児童生徒の信頼感が得られ、適切な問診、視診、触診、聴診につながり、養護教諭としての適切な判断が可能となります。倦怠感があっても本人が自覚していない、あるいは我慢している児童生徒もいるので、表情や顔色、行動など総合的にアセスメントすることが必要です。

▶1　浮腫

　浮腫とは「むくみ」ともいわれ、「細胞外液量（特に間質液量）の増加」を示す重要な臨床徴候であり、「全身性浮腫」と「局所性浮腫」の2つがあります。特に重要なのは全身性浮腫であり、この理学所見には、①体重の増加（肥満とは異なる）、②眼瞼浮腫（特に朝方に眼瞼がはれぼったいことで気づかれる）、③頸骨前浮腫（圧痕を残す）、④腹部膨満（腹水）、⑤男児の場合には陰嚢浮腫（陰嚢水腫のようにみえる）があります。全身性浮腫を認める代表的な病態には、腎不全、ネフローゼ症候群、心不全、肝硬変、甲状腺機能低下症、低タンパク血症、リンパ管閉塞、炎症性浮腫などがあります。

▶2　過多月経

　過多月経とは、月経時の子宮出血が異常に多い（ふつう150ml以上をいう、産科婦人科用語解説集）ものをいい、子宮筋腫、子宮腺筋症、子宮内膜ポリープ、子宮内膜癌など子宮に器質的病変がある場合や血液疾患、腎不全、甲状腺疾患などの合併が原因となります。過多月経は経血量が多くなるため、鉄欠乏性貧血を伴うことがあり、めまいや立ちくらみ、疲れやすいなどの症状が現れます。

【引用文献】
・松崎彰信・小田慈「血液疾患」白木和夫・高田哲編『ナースとコメディカルのための小児科学』日本小児医事出版社、2016、pp.210-222
・関根孝司「小児によく見られる症候の病態生理」白木和夫・高田哲編『ナースとコメディカルのための小児科学』日本小児医事出版社、2016、pp.75-93
・『医学大辞典 第20版』南山堂、2015

CASE 8 熱っぽい！寒気がする！ 内科編
インフルエンザの疑い

小学校5年生の女子（Hさん）。1月中旬の2時間目後の休み時間に、「寒気がして、何だか熱っぽいんです」と言って保健室に来室しました。
昨日まで元気だったのに、朝起きたら食欲がなかったのですが、熱がなかった（平熱36.5度）ため登校しました。1時間目が始まったあたりから手足がとても冷たくゾクゾクとした寒気が出始めて、2時間目の途中から、頭がぼーっとしてきて熱っぽくなってきたとのことでした。

 事例から読み取れる情報を書き出してみましょう

- 小学校5年生の女子（Hさん）
- 手足の冷えと寒気と熱っぽさが主訴
- 1月中旬の2時間目後の休み時間に、寒気と熱っぽさを訴え来室
- 昨日までは元気だった
- 朝は食欲がなかったが、熱はなかった（平熱36.5度）

 事例の主訴から想起できる主な疾病や病態などを書き出してみましょう

【緊急性や重症度の高い疾病や病態（頻度は低くても見逃してはいけないもの）】
・インフルエンザ▶1、インフルエンザ脳症▶2、麻疹、風疹、結核、リウマチ熱、無菌性髄膜炎、関節リウマチ（若年性特発性関節炎）、急性虫垂炎、感染性胃腸炎

【学校でよくみられる疾病や病態】
・咽頭結膜熱、水痘、溶連菌感染症、伝染性紅斑、流行性耳下腺炎、上気道感染症（かぜ）、副鼻腔炎、熱中症、尿路感染症、アレルギー性鼻炎などのアレルギー疾患、予防接種による発熱など

【この事例で考えられる疾病や病態（可能性の高そうなもの）】
・インフルエンザ、上気道感染症（かぜ）、溶連菌感染症、感染性胃腸炎など

 追加して知りたいことはどのような情報ですか？ 情報収集の視点と内容を書き出してみましょう

【情報収集の視点】
①一般状態
②主訴についての詳細および随伴症状（上気道系、消化器系）、発熱に関する既往歴・現病歴の有無
③発熱を伴う疾患や病態でみられる症状の有無
④感染症発生状況

68

【情報収集の内容】
〈問診〉
①発熱の発症時期（いつから）：数日前・数時間前、どの位続いているか
②熱型（どのように熱が経過したか）：
　稽留熱：1日の変動が1度以内で高熱が持続するもの（例：腸チフス、悪性リンパ腫など）
　弛張熱：1日の変動が1度以上で、最低でも37度以上あるもの（例：敗血症、悪性膿瘍など）
　間欠熱：1日の変動1度以上で、平熱まで下がることもある（例：マラリア、回帰熱など）
　波状熱：37度以上の有熱期と無熱期を不規則に繰り返すもの（例：ブルセラ症、野兎病など）
　二峰熱：発熱が初期に一旦下がり、再び上昇し二峰状となるもの（例：麻疹、デング熱など）
　不定型熱：熱の高低に一定の傾向がみられないもの（例：急性扁桃炎、中耳炎など）
③発熱以外の随伴症状：頭痛、上気道症状（咳、咽頭痛）、鼻水・鼻づまり、関節痛、消化器症状（腹痛、嘔気、嘔吐、下痢等）、排尿痛、血尿、全身状態（倦怠感など）
④発熱に関与する既往歴の有無：アレルギー性鼻炎などのアレルギー疾患、溶連菌感染症など
⑤最近の予防接種歴
⑥感染症発生状況
〈視診〉
①顔色・顔貌
②咽頭、扁桃、口腔内の発赤・腫脹
③眼の症状（結膜炎、眼脂等）
④皮膚の状態（発疹、発汗）
⑤けいれん
〈聴診〉
①呼吸音
②腸蠕動音
〈触診・打診〉
①疼痛のある部位の確認
②リンパ節の触診（＊内科編ＣＡＳＥ①▶4参照）
③副鼻腔の触診・打診（＊内科編ＣＡＳＥ①▶5参照）
〈検査〉
①バイタルサイン（意識、体温、脈拍、呼吸、血圧）
②髄膜刺激症状の有無（項部硬直、ケルニッヒ徴候、ブルジンスキー徴候、ジョルトサイン
（＊内科編 CASE ①▶8参照））
③その他（気温、湿度等の教室内環境）

内科編

 追加情報を確認して、次に進みましょう

〈追加情報〉　H＝Hさん　養＝養護教諭
H：「今朝から、咳や鼻が出ていましたが、熱はなかったので学校に来ました。頭と喉が

CASE⑧　熱っぽい！寒気がする！〜インフルエンザの疑い〜

とても痛いです。関節も痛いです。体がとてもだるいです。家族に同じ症状の人はいませんが、一昨日塾で後の席の子の体調が悪くなり、「学校でインフルエンザが流行っているからかかってしまったかも……」と言って早退していきました。「でも、私、インフルエンザの予防接種を10月に受けています」。

養：意識清明。質問にしっかりと応えることができるが、顔面蒼白で、非常にだるそうである。頭痛は、体位等、条件の違いによって程度が変わることはない。腸の蠕動運動が多少亢進しているものの、視診、打診、触診に異常なし。校内ではインフルエンザ罹患者が発生している。

咳嗽（＋）、咽頭の腫脹（＋）、口腔内の発疹（－）、アレルギー疾患の既往歴（－）、副鼻腔（左上顎洞・左前頭洞）の圧痛と打診痛（－）、皮膚に発疹・発赤（－）、手足の冷感（＋）、発汗（－）、けいれん（－）、リンパ節（耳下腺）の腫脹（＋）、髄膜刺激症状（－）、嘔気（＋）、嘔吐（－）、腹痛（－）、下痢（－）、排尿痛（－）、血尿（－）、最近の溶連菌感染症の既往歴（－）。

T＝38℃、P＝100回／分、R＝22回／分、BP＝120／85mmHg。

5　Hさんの状態をアセスメントしましょう

【緊急性や重症度の高い場合】

・最近（2～3週間ほど）の溶連菌感染症の既往歴（－）　→リウマチ熱の可能性は低い

・髄膜刺激症状（－）　→無菌性髄膜炎の可能性は低い

・けいれんや意味不明の言動はない　→インフルエンザ脳症の可能性は低い

・長期間続く微熱、咳嗽はない　→結核の可能性は低い

・咽頭以外の発疹・発赤はない　→麻疹、風疹の可能性は低い

・症状の出方がインフルエンザ特有の短時間で進行していく出方であったことから、関節リウマチ（若年性特発性関節炎）の可能性は低い（※もし、関節痛と弛緩熱が続くようであれば、関節リウマチ（若年性特発性関節炎）の可能性もある）

・腹痛や下痢、腹部の視診、打診、触診に異常はない　→急性虫垂炎の可能性は低い

・嘔気と腸の蠕動運動が多少亢進していたが、腹痛や下痢、腹部の視診、打診、触診に異常はない　→感染性胃腸炎の可能性は低い

・短時間での熱の上昇と38度の中等熱。悪寒（＋）、頭痛（＋）、咳嗽（＋）、咽頭痛（＋）、鼻水・鼻づまり（＋）、関節痛（＋）、倦怠感（＋）、周囲に同様の症状を呈している人（＋）、塾や学内でのインフルエンザの流行（＋）。

以上の症状が短時間で進行し、症状も強く呈していることから「インフルエンザ」の可能性が高い。

【緊急性や重症度の可能性が高くない場合】
・結膜炎・眼脂（－）　→咽頭結膜熱の可能性は低い
・顕著な耳下腺の腫れ（－）、症状の出方がインフルエンザ特有の短時間で進行していく経過であった　→流行性耳下腺炎の可能性は低い
・咽頭以外の発疹・発赤（－）　→水痘、伝染性紅斑の可能性は低い
・口腔内の発疹（－）　→溶連菌感染症の可能性は低い
・インフルエンザ特有の症状が短時間で進行し、症状も強く呈していることから、症状が徐々に出現してくる　→上気道感染症（かぜ）の可能性は低い
・発熱や鼻水・鼻づまりはあるものの、鼻周囲や顔面、目や歯の痛み、その他の全身症状はない　→副鼻腔炎の可能性は低い
・アレルギー疾患の既往歴（－）　→アレルギー疾患による発熱の可能性は低い
・熱中症に罹患する環境や活動条件ではない　→熱中症の可能性は低い
・排尿痛、血尿（－）　→尿路感染症の可能性は低い
・最近の予防接種の接種歴（－）　→予防接種による発熱の可能性は低い

内科編

 アセスメントをもとに何を行うのか書き出しましょう

（1）ベッド休養して安静を保つ。
（2）悪寒や手足の冷感があるようであれば、保温する。
（3）脱水を防ぐため、水分補給をする。
（4）家族に連絡をとり、迎えを依頼し、医療受診を勧める。

 この事例からの学び（考え方の解説）

　学校という集団生活の場における感染拡大防止のために大切にしなければならないこととして、児童や保護者への保健指導や保健情報の発信と共に、健康観察を強化して感染者を早期発見し早期治療させること、地域や校内における感染症の発生状況をよく把握しておく必要があります。今回の事例でも、地域や学内においてすでにインフルエンザの流行があったことから、養護教諭は、第一にインフルエンザを念頭におきつつ、その他の見落としてはならない疾患の除外診断を行ったということです。
　また、小児のインフルエンザで留意しなければならないこととして、インフルエンザ脳症があるため、けいれんや意味不明の言動に留意しながら児童を観察し、もしそのような様子がみられたら、すぐに救急搬送する必要があります。ベッド休養させているからといって、油断してはなりません。

CASE⑧　熱っぽい！寒気がする！〜インフルエンザの疑い〜

▶1　インフルエンザ

　　インフルエンザウイルスに感染することによって起こる病気です。38度以上の発熱、頭痛、関節痛、筋肉痛、全身倦怠感等の症状が比較的急速に現れるのが特徴です。併せて普通の風邪と同じように、のどの痛み、鼻汁、咳等の症状もみられます（厚生労働省ホームページ「平成28年度インフルエンザQ&A」より引用）。

▶2　インフルエンザ脳症

　　インフルエンザ感染をきっかけに起こる急性脳症です。脳全体が腫れることにより意識障害、頭蓋内圧亢進症状、けいれんを伴う神経症状を示します。日本では毎年、100〜500人が罹患しており、大部分が1〜5歳の幼児で、死亡率は約10％といわれています。生存しても重篤な後遺症（知能障害、運動障害、てんかんなど）を残すことが少なくありません。

【引用文献】
・相馬朝江編集『目でみる症状のメカニズムと看護』学研メディカル秀潤社、2005
・厚生労働省「平成28年度インフルエンザQ&A」

CASE 9 胸が痛い！
気胸の疑い ―― 内科編

高校2年生の男子（I君）。1時間目の授業が終わった後、胸の痛みと息苦しさを訴えて来室しました。昨日は右胸部や背部に違和感があったけれど、特に気にすることもなく過ごしていました。今朝になって強い痛みに加えて息苦しさも出ていたため、不安になって保健室へ相談に来ました。1時間目は音楽で、立って歌うことも辛かったとのことでした。

1　事例から読み取れる情報を書き出してみましょう

- 高校2年生の男子（I君）
- 胸の痛みと息苦しさが主訴
- 昨日、右胸部や背部に違和感があった
- 今朝、右胸部や背部の痛みが強くなり、息苦しさも出てきた

2　事例の主訴から想起できる主な疾病や病態などを書き出してみましょう

【緊急性や重症度の高い疾病や病態（頻度は低くても見逃してはいけないもの）】
- 心筋梗塞、不整脈、自然気胸、アナフィラキシーショック、肋骨骨折など

【学校でよくみられる疾病や病態】
- 不整脈、肺炎、気管支喘息、自然気胸、肋間神経痛、肋骨骨折、過換気症候群など

【この事例で考えられる疾病や病態（可能性の高そうなもの）】
- 不整脈、気管支喘息、自然気胸、肋間神経痛、肋骨骨折など

3　追加して知りたいことはどのような情報ですか？ 情報収集の視点と内容を書き出してみましょう

【情報収集の視点】
①一般状態
②主訴についての詳細および随伴症状、胸痛や息苦しさに関する既往歴、現病歴の確認（学校生活管理指導表の有無）
③胸痛や呼吸苦を主訴とする疾患・病態でみられる症状の有無
④行動の確認（苦しくなるような激しい運動をしたか、打撲などのエピソードの有無など）

【情報収集の内容】
〈問診〉
①胸痛や息苦しさの発症時期（いつから）：数日前・数時間前・突然起こったか、どの位続いているか
②胸痛や息苦しさの発症部位（どこが）：胸部全体か、片側だけ、上部か下部か

③胸痛や息苦しさの性状（どのように）： 初めて経験する痛みか、痛みは軽減する場合とひ
どくなる場合があるか、何をすると痛む程度や息
苦しさが変わるか、ズキズキ、キリキリ、鋭いか
鈍いか

④胸痛や息苦しさの程度：我慢できない、不快なくらい、話をすることも辛いくらい

⑤ここ数週間の打撲など外傷の有無について尋ねる

⑥心疾患や喘息の既往歴や現病歴の有無

⑦風邪などの既往歴や現病歴の有無

⑧他の症状や病気はないか

〈視診〉
①顔色・表情
②全身の骨格
③姿勢
④咽頭や扁桃の発赤や腫脹の有無
⑤会話時の呼吸状態（呼吸困難感や息切れ）
⑥咳嗽の有無

〈聴診〉
肺全体の呼吸音の聴取

〈触診・打診〉
痛む部位の確認

〈検査〉
①バイタルサインの確認（意識、体温、脈拍、呼吸、血圧）
②SpO$_2$（経皮的動脈血酸素飽和度）（＊内科編ＣＡＳＥ⑤▶2参照）

♥4 追加情報を確認して、次に進みましょう

〈追加情報〉 Ｉ＝Ｉ君　養＝養護教諭

Ｉ：もともと心疾患や喘息等の既往はない。特に激しい運動をしたエピソードもなく、1
時間目の音楽の授業中に痛みだした。今朝から特にうまく息が吸えなかったり、乾いた
咳が出て話しづらかったり、辛い状況が続いている。

養：意識清明。質問には応えられるが話すと息苦しい様子。突然に起こった急な右胸部全
体の痛みがある。顔色不良（＋）、不整脈（－）、頻脈（－）、打撲等外傷（－）、咽頭
痛・発赤（－）、乾性咳嗽（－）、右上肺呼吸音聴取できず。長身でやせ型の体型。
咳嗽（－）、喘鳴（－）、咽頭の腫脹（－）、口腔内の発疹（－）、アレルギー疾患の既往
歴（－）、副鼻腔（左上顎洞・左前頭洞）の圧痛と打診痛（－）、皮膚に発疹・発赤（－）、
皮膚の冷感（＋）、発汗（－）、けいれん（－）、リンパ節（耳下腺）の腫脹（－）。
Ｔ＝36.5℃、Ｐ＝80回／分（整）、Ｒ＝26回／分、BP＝100／66mmHg、SpO$_2$＝
88％。

I君の状態をアセスメントしましょう

【緊急性や重症度の高い場合】

緊急性が高い胸痛の訴えは、その痛みの部位からも心筋梗塞や不整脈など心疾患や呼吸器疾患、骨折や神経痛など整形外科疾患を疑うが、I君の場合は、以下の理由により循環器系や整形外科疾患ではないことがわかる。
① 心疾患の既往がなく、打撲等外傷のエピソードがない。
② 脈拍はリズムも数も正常範囲である。

そして、I君の体型、突然の激しい胸の痛み、呼吸苦、顔色不良、肺音からは、呼吸器系が疑われ、緊急度も重症度も高いと考えアセスメントすることが必要である。

【緊急性や重症度の可能性が高くない場合】

(1) I君は、心疾患や喘息の既往がなく、外傷のエピソードもなかった。突然の激しい胸痛とその痛みが続いていること、体型が長身でやせ型だったこと、呼吸しづらさ、右上肺に肺音が聴取できなかったことから自然気胸を疑った。
(2) 気胸を疑われる場合、呼吸苦に加えて血圧が低下した場合には、病院での緊急な処置(貯留した空気の脱気)を行う必要性が生じる(今のところI君の血圧は正常範囲)。
(3) 見落としをしないよう、他の可能性も検討する。

I君は、咳をしているものの咽頭痛や発赤、発熱もみられないことから、風邪などの感染症や肺炎の可能性は低いと思われる。

内科編

 アセスメントをもとに何を行うのか書き出しましょう

(1) まずは胸痛や呼吸苦が和らぐよう起坐位で休ませ、咳がひどいようであれば水分摂取を勧める。不安が強いため、なるべく声かけをして不安の軽減を図る。
(2) 症状から起こっている可能性を説明し、保護者と共に速やかに医療機関を受診してもらうようにする。
(3) 担任への状況報告と保護者への連絡を依頼する。
　→担任ができない場合は養護教諭から連絡してよいか確認する。

をするが、保護者がすぐに来られ
か、受診する医療機関について相

絡を行う。
が終わっても、学校生活において
く。

学校の事例から学ぶ　フィジカルアセスメントワークブック　修正表
下記の箇所に誤りがありました。お詫び申し上げます。訂正をお願い致します。

74ページ下から7行目
(誤) 顔色不良(+)。　　(正) 顔色不良(+)。チアノーゼ(−)。

74ページ下から1行目
(誤) $SpO_2 = 88\%$　　(正) $SpO_2 = 95\%$

CASE ⑨　胸が痛い！ 〜気胸の疑い〜

7 この事例からの学び（考え方の解説）

　胸痛や息苦しさの訴えがあった場合、循環器系と呼吸器系の可能性と外傷性疼痛や心因性を考えますが、問診である程度、重症度を推測することが可能なので、症状を十分にとらえ、理解し、注意深く問診を行うことが重要となります。また、学校では、児童生徒の健康情報をある程度把握しているため、既往歴や現病歴、学校生活管理指導表で管理している疾患の有無、学校生活の様子などを並行して確認しながら、その児童生徒の背景を念頭において症状をみていきましょう。

　緊急性の高い場合は、呼吸困難やチアノーゼ、血圧低下、意識障害などで一目見てわかるものですので判断しやすいです。緊急性の低い場合は、疾患か外傷性か、運動に由来するものかを問診や保健調査で確認すると把握できます。同時に、バイタルサインとフィジカルアセスメントを行いながら、原因の推測を進めていきます。

　気胸とは、肺の外側で胸壁の内側、すなわち臓側胸膜と壁側胸膜の間の胸腔に空気が貯留した状態をいいます。何らかの原因で胸の膜に穴があき、肺が縮んでしまった状態であり、肺が膨らまないため息ができず、息苦しさと共に胸や背中あたりの圧迫感や痛みを訴えています。自然気胸は、特に肺の疾患や肋骨骨折などのエピソード等の前触れもなく、突然起こります。突然という特徴のために不安も大きく、慎重な対応が求められます。特に自然気胸は長身でやせた若い男性に多いといわれていますが、なぜ、そうなのかははっきりわかっていません。時間の経過とともに肺が縮んでいくため、聴診器を胸部にあててみると、呼吸音は聴取できなくなります。これがわかると気胸である可能性を強く疑えるため、速やかな受診につなげることができます。フィジカルアセスメントを行う上で、普段から聴診器の使用に慣れておくことも大切です。また、血圧計だけでなく保健室にパルスオキシメーターがあると、SpO_2という血液中の酸素濃度値（％）が身体に酸素が足りているかの指標としてわかるので、喘息の発作時やアナフィラキシーショックの時にも緊急性の判断に活用できます。

　気胸は一旦穴が閉じて治っても、何らかの原因により再発する可能性が高いといわれています。継続的にフォローしていくために家庭と学校における連携が必要となります。

【引用文献】
・松田暉・萩原俊男・難波光義・鈴木久美・林直子総編集『看護学テキスト NiCE　疾病と治療I』南江堂、2010

CASE 10 胸が痛い！

肋間神経痛の疑い

　放課後、中学校3年生の女子（Jさん）。「胸が痛い、これ心臓の発作？」と言いながら右胸を押さえ、前かがみの姿勢で保健室に来室。保健調査票を確認したところ、Jさんには、心臓疾患の既往歴はなく、また本人に再度確認しましたが、これまで心臓疾患にかかわるような問題はないとのことでした。今年になって頻繁に同じような痛みに襲われているようです。最初は3ヵ月に一度くらいでしたが、ここのところ、10日に一度くらいの頻度で起きているとのこと。毎回5分〜10分くらいで治るようですが、今日は20分くらい痛みが治らないとのことでした。

 1 事例から読み取れる情報を書き出してみましょう

- 中学校3年生の女子（Jさん）
- 胸痛が主訴
- 心臓疾患の既往歴はなし
- 3ヵ月に一度の痛みが今年になって頻繁に起きている
- 痛みが起きると5〜10分ぐらいで治るが、今回は20分くらい続く痛み
- 右胸を押さえている
- 1人で歩行可能

 2 事例の主訴から想起できる主な疾病や病態などを書き出してみましょう

【緊急性や重症度の高い疾病や病態（頻度は低くても見逃してはいけないもの）】
- 肺結核、気胸、胸膜炎、狭心症、急性膵炎など

【学校でよくみられる疾病や病態】
- 肋骨骨折、肋骨骨折、心臓神経症、肋間神経痛、不整脈など

【この事例で考えられる疾病や病態（可能性の高そうなもの）】
- 肋間神経痛、心臓神経症など

 3 追加して知りたいことはどのような情報ですか？ 情報収集の視点と内容を書き出してみましょう

【情報収集の視点】
　①一般状態
　②主訴についての詳細および随伴症状、胸痛や息苦しさに関する既往歴、現病歴の確認
　　（学校生活管理指導表の有無）
　③胸痛や呼吸苦を主訴とする疾患・病態でみられる症状の有無

④行動の確認（苦しくなるような激しい運動をしたか、打撲などのエピソードの有無など）
　　　⑤精神状態
【情報収集の内容】
〈問診〉
　①胸痛の発症時期（いつから）：数日前・数時間、突然起こったのか、どの位どのように続
　　　　　　　　　　　　　　　　いているのか、突然起こったか
　②発症部位（どこが）：胸全体、他に痛む箇所はないか、痛みの部位が変わっていないか
　　　　　　　　　　　（痛みをピンポイントで示せない）
　③胸痛の性状（どのように）：その度合い、胸痛について詳細を尋ねる。我慢できない、
　　　　　　　　　　　　　　　不快なくらい、胸以外に痛む個所はあるのか（肩、顎、背部、
　　　　　　　　　　　　　　　首、歯、上腹部など）
　　〈痛みの性質〉ズキズキと痛いのか、咳をすると痛いのか、胸の痛みと共に呼吸する際
　　　　　　　　　に息苦しさがあるのか、痛みは強くなることがあるのか、表在性の痛みな
　　　　　　　　　のか深在性の痛みなのか、痛む程度が変わるか。初めて経験する痛みか、
　　　　　　　　　痛みは軽減するか
　　〈痛みの経過〉数分か20分くらいかなど
　④胸痛の既往
　⑤その他の症状：吐き気について詳細を尋ねる、直ぐに吐きそうか、吐きそうで吐けない
　　　　　　　　　ような状態か、何となく気持ちが悪いのか。随伴症状（吐き気、嘔吐、
　　　　　　　　　呼吸困難の有無）、めまい
　⑥精神的苦痛の有無：気になる事や悩みの有無（学校生活、友人関係、勉強、家事の事など）
〈視診〉
　①顔色、表情（苦悶様など）、姿勢（胸の押さえ方など）、顔面蒼白
　②冷汗の有無、頸静脈怒張の有無
〈触診〉
　①脈拍の確認（動脈の触診、不整脈の有無、とう骨動脈の触診）
　②血圧測定（左右差）
〈検査〉
　①バイタルサイン（意識、体温、脈拍、呼吸、血圧）
　②SpO_2（＊内科編 CASE⑤▶2参照）

 4　追加情報を確認して、次に進みましょう

〈追加情報〉　J＝Jさん　養＝養護教諭

J：痛くなる時はいつも、突然起こるが、何となく痛くなり始める時がわかる。右の鎖骨
　のあたりから右胸、みぞおち、背中、首筋など呼吸ができないような感覚、また、体が
　つるような痛みの広がり方がある。最初は心臓発作みたいなものかと思ったが、5〜10
　分くらいすると治まる。疲れている時になりやすかったり同じ姿勢が長時間続いたりし
　た時、また、特に夏、冷房がきいている部屋にいるとこのような状態になりやすい。呼

吸困難（−）、吐気（−）、冷汗（−）、意識障害（−）、めまい（−）。
養：意識清明。質問には応えられる。突然の痛みの出現（＋）、顔色不良（−）、発汗（−）
はっきりは言わないが受験のことなど気になっている事をJさんの話から感じる。
　　T＝36.3℃、P＝80回／分、R＝20回／分、BP＝110／65mmHg、SpO₂＝99％。

 Jさんの状態をアセスメントしましょう

【緊急性や重症度の高い場合】
　痛む部位が特定されない場合には、何らかの心臓にかかわるような問題が起こっている可能性がある。心筋梗塞の前兆として、強い胸の痛みや締めつけられるような感覚があったり、呼吸困難、吐き気、冷や汗、意識障害が起こる。
　また狭心症が想定される場合には、胸痛は15分以内で痛みが治まる。しかし、急性心筋梗塞では、多くは痛みが突然起き、20分以上持続すると緊急性が高くなる。心筋梗塞の胸痛は、内臓病であるため部位の特定が困難である。関連痛として、肩、背中、上腹部の痛みとして表現されることもある。狭心症は血管の老化が原因であることが多いため、Jさんの場合は考えにくい。

【緊急性や重症度の可能性が高くない場合】
　Jさんの場合は、以下の理由により緊急度は高くないと判断できる。
　①1人での歩行が可能である。
　②頻繁に痛みが起きているが、その後症状が消失する。
　③既往歴がない。
　④呼吸困難や意識障害がない。
　⑤肋間神経痛が疑われた場合、特に思春期に起こる肋間神経痛は何らかの心理的ストレスが関係している場合が多いため、Jさん本人に心理的ストレスがないか、情報収集する必要がある。

 アセスメントをもとに何を行うのか書き出しましょう

（1）まずは痛みが治まるまで楽な姿勢をとるよう指示する。
（2）胸痛は不安感を増大させるため、症状から起こっている可能性を説明し気持ちの安定を図る。
（3）精神的な苦痛に対して話を聴き対応方法を一緒に考える。話の内容によっては他の教員への相談、専門機関への相談を勧める。
（4）予測される疾患について説明し、医療機関受診を勧める。

CASE ⑩　胸が痛い！　～肋間神経痛の疑い～

この事例からの学び（考え方の解説）

　Jさんの場合、前かがみになり苦痛を訴えていましたが、心疾患に関する既往歴はないことや、顔色も悪くなく、冷汗や左右の血圧の差もない。症状もすぐに治まることから緊急性はないと判断しました。胸の痛み方については、特にどこが痛いというのではなく、肋間にそっての痛みが強く、また疲れている時や冷房が効いている部屋に長時間いる時に起こりやすいということです。痛む部位も特にどこがという場所が特定されず、痛みはいつも突然起こるが、右の鎖骨あたりから右胸、みぞおち、背中、首筋など呼吸ができないような感覚、また、体がつるような痛みの広がり方があると表現しているため、肋間神経痛が疑われます。また、5分〜10分くらいで、痛みが消失することから、緊急性のある疾患でないと判断できます。肋間神経痛が疑われた場合、特に思春期に起こる肋間神経痛は何らかの心理的ストレスが関係している場合が多く、Jさん本人に心理的ストレスがないか、情報収集する必要があります。医療機関受診を勧めると共に、心のケアをする必要があります。思春期に起きる肋間神経痛は心因性である可能性が高いです。悩んでいることや、ストレスマネジメントが上手くできていない子どもは肋間神経痛になりやすいようです。また、冷房にあたることによって肋間神経痛を発症しやすい場合もあり、肋間神経痛自体、原因が明確に特定できないことが多いようです。しかしながら重篤な疾患が隠されている場合があるので、病院の受診を勧めてください。

　また、この他に、思春期に起こりやすい心因性の症状として、心臓神経症（発作性心悸亢進）を疑ってみることも大切です。胸が痛い、脈が乱れるなど心臓病の症状があるが、検査をすると異常がみられないものを心臓神経症といいます。つまり心の病の可能性を疑う必要があるでしょう。心臓神経症の原因としては心理的ストレスや過労、心臓疾患に対する不安感が考えられます。不安感が増すと交感神経を刺激するため、心拍数が増加して、動悸を強く感じてしまうことがあります。このような経験をすると神経質な子どもは、より大きな症状を感じてしまうようになり、頻繁に症状を起こすようになります（心臓神経症は、ICD-10では、身体表現性自律神経機能不全の中に分類されます）。

　たとえば、親や祖父母、きょうだいなど、心臓の病を抱えている家族を身近で見ていたりするとこのような症状に陥ってしまう場合があります。狭心症の症状とよく似ているため、恐怖感が強まります。子どもは周りの影響を受けやすいため、注意が必要です。

　心因性であることが疑われても、胸痛やこれまで経験したことのないような胸痛がある場合は、安易に心因性を疑わずに必ず医療機関の受診を勧めるようにしましょう。

【引用・参考文献】
・佐藤憲明監修『フィジカルアセスメントディシジョン―疾患・状況・看護場面別』学研メディカル秀潤社、2015
・伊東春樹『心臓病の予防・治療とリハビリ―狭心症・心筋梗塞の最新治療法』主婦と生活社、2012、p.91

CASE 11 息が苦しい！
喘息発作の疑い

　内科編

小学校1年生の男子（K君）。4月中旬の月曜日、2時間目の授業終了後に担任に連れられて保健室に来室してきました。いつもと違い授業中に全く元気がなかったので、授業終了後に担任が尋ねたところ「途中から息が苦しい感じがして不安になった」と言っていたそうです。少し涙目で、顔色もよくありませんでした。鼻をすすっているので、風邪をひいているか尋ねたところ首を横に振り否定しました。

 1 事例から読み取れる情報を書き出してみましょう

- 小学校1年生の男子（K君）
- 息苦しさが主訴
- 2時間目終了後担任に連れられ来室、独歩可能
- 活気がなく顔色が悪い
- 鼻汁（＋）、本人は風邪をひいていないと返答

 2 事例の主訴から想起できる主な疾病や病態などを書き出してみましょう

【緊急性や重症度の高い疾病や病態（頻度は低くても見逃してはいけないもの）】
- アナフィラキシーショック、気道内異物、気管支喘息発作（中等度）、心不全など

【学校でよくみられる疾病や病態】
- 食物アレルギー、気道内異物、気管支喘息、気管支炎、肺炎、心不全など

【この事例で考えられる疾病や病態（可能性の高そうなもの）】
- 食物アレルギー、気管支喘息、気管支炎、肺炎など

 3 追加して知りたいことはどのような情報ですか？ 情報収集の視点と内容を書き出してみましょう

【情報収集の視点】
①一般状態
②主訴についての詳細および随伴症状、既往歴、現病歴の確認
③呼吸苦を主訴とする疾患・病態の有無
④精神状態

【情報収集の内容】
〈問診〉
①息苦しさの発症時期（いつから）：数日前・数時間前・突然起こったか、どの位続いているか、朝食を食べてからどのくらい経つか

81

②息苦しさの発症部位（どこが）：喉のあたり、胸の一部（片側）、胸全体
③息苦しさの性状（どのように）：動悸による息苦しさなのか、息が吸えず苦しいのか、吐けず苦しいのか、初めての経験か、起こった時と今とどちらが苦しいか
④息苦しさの程度：保健室までいつもと同じように歩けたか、話はできるのか、体を横にして寝られるか
⑤ここ最近風邪や熱が出る病気にかかっていたか？
⑥アレルギーや喘息といわれたことがあるか？：何かをさわったり、食べたりして体調が悪くなることがあったか
⑦他の症状はないか：咳や痰、胸痛、腹痛など
⑧精神的苦痛：気になる事や悩みの有無（学校生活、友人関係、勉強、家族の事など）

〈視診〉
①顔色・顔貌
②浮腫、皮膚の発疹や発赤
③咽頭や扁桃の発赤や腫脹の有無
④会話時の呼吸状態（会話時の呼吸困難感や息切れ、努力呼吸▶1の有無）
⑤咳嗽の有無
⑥姿勢や胸郭の形状▶2
⑦起坐呼吸▶3の有無

〈聴診〉肺全体の呼吸音の聴取、喘鳴の有無と程度、呼吸音の左右差
〈触診〉リンパ節の触診
〈検査〉
①バイタルサイン（意識、体温、脈拍、呼吸、血圧）
②SpO$_2$値（内科編＊CASE⑤▶2参照）

追加情報を確認して、次に進みましょう

〈追加情報〉K＝K君　養＝養護教諭

K：昨夜はよく眠れてふつうに朝食を食べて学校に来た。2時間目の途中で少し息が苦しくなり不安になった。今まで夜、寝ていて息が苦しくなることがあったが、学校で苦しくなったのは初めて。家では、お母さんがお薬を飲ませてくれる。薬を飲んだ後に口にスプレーする薬を吸うとだいたいよくなった。薬とネブライザーはランドセルに入っている。食べたり飲んだりした後に息が苦しくなったことはない。最近風邪はひいていない。今日は、息が苦しくなって少し咳が出るようになったら鼻水もでてきた。喉は痛くない。心臓もどきどきしていない。早く歩くと苦しい感じがある。ベッドに寝られるけれど座っていたい。

養：意識清明。質問には応えられる。顔色やや不良であるがチアノーゼ（−）、口唇や眼

瞼の浮腫（−）、皮膚の発赤・発疹（−）、咽頭発赤・腫脹（−）、咳嗽軽度（＋）流涙（−）胸郭異常（−）、消化器症状（−）、リンパ節の腫脹（−）、喘鳴軽度（＋）であるが会話はふつうにできる。胸痛（−）、呼吸音の左右差（−）、起坐呼吸（＋）、陥没呼吸（−）、鼻翼呼吸（＋）、肩呼吸（−）、食欲（−）、精神的苦痛（−）。
T＝37.3℃、P＝90回／分、R＝28回／分、BP＝130／80mmHg、SpO₂＝96％。

K君の状態をアセスメントしましょう

【緊急性や重症度の高い場合】
（1）緊急度や重症度が高いものからアセスメントする
　息が苦しいと訴える時、緊急性が高いケースには、アナフィラキシーショックや気道内異物、気管支喘息発作（中等度以上）、緊張性気胸、心不全などがある。追加情報からK君の状態をアセスメントすると、以下の理由で気管支喘息が原因であることが疑われた。
①食物アレルギーの既往がない上、朝食を食べてからかなり時間が経っており運動直後でもない。食物アレルギーの場合、多くは皮膚の症状や口唇の腫脹などから症状が出現することが多いが、皮膚の発赤・発疹や眼瞼の浮腫もみられない。その他、消化器症状や血圧低下などアナフィラキシーショックの症状もみられていない。
②気道内に異物が入った状況はない。心不全でも喘鳴が聴かれることがあるが、動悸による息苦しさではなく、胸痛など他の循環器疾患の症状もない。
③喘息の既往がありネブライザーを持っている。風邪をひいていないのに咳と鼻汁がみられる。
④軽度の喘鳴があるが、両肺の呼吸音の左右差はない。
（2）次に気管支喘息の重症度についてアセスメントする
　気管支喘息の重症度は、表11-1に示すように小発作、中発作、大発作、呼吸不全の4つに分けられ、K君の場合情報から軽度の発作と考えられるため緊急度は高くない。
　以下の症状から小発作と考えられる（＊表11-1を参照）。
【緊急性や重症度の可能性が高くない場合】
　保健室に来室した時点では喘息の軽度発作と判断できたが、SpO₂の低下がみられたり、表11-1に示す症状が進んでいないか、この後も症状の変化に注意し経過観察を行う。

アセスメントをもとに何を行うのか書き出しましょう

(1) まずは安楽な体位をとらせる。息苦しさを訴えているので、呼吸がしやすく本人が一番楽だと思える体位にする（一般に、起坐位で背中に枕やクッションをあてる。呼吸困難がひどくなるとやや前かがみになりたくなるので、その場合、大き目の枕やクッションを抱えるような形になると楽になる場合が多い）。
(2) 発作が起こった時に飲む薬やネブライザーが処方されていないか確認し、持参していればすぐに投与させる。ネブライザーを行っても症状が消失しなかった場合は、すぐに医療機関受診の手配を行い、同時に保護者に連絡する。
(3) 担任に報告し、症状が中発作に移行しないか経過観察をする。
(4) 発作が起こると不安になるが、不安になると喘息発作はひどくなるため、声かけをして安心させる。また、養護教諭はそばを離れるなどK君を1人にしない。

 ## この事例からの学び（考え方の解説）

　息が苦しいという症状は、生命の危機を伴う緊急度や重症度の高い疾患や病態の時もあります。学校で想定される緊急度重症度の高いものは、アレルギーによるアナフィラキシーショック、気道閉塞、重症の気管支喘息や緊張性気胸、心不全などがあります。そのため、まずはそれを除外できるかどうかのアセスメントを行います。また、息が苦しいという病態は、変化していきます。そのため、経過観察を怠ることのないようにしましょう。また、息が苦しいというのは自覚症状であるため、その程度をアセスメントするにはできるだけ客観的な情報を集めましょう。たとえば、気管支喘息の重症度発作の指標、努力呼吸かどうかの観察の視点、アナフィラキシー症状の観察の視点、SpO_2による評価などです。

　また、この事例の場合、気管支喘息の発作の既往が確認できました。普段から既往のある児童生徒については個別に情報を収集しておきましょう。たとえば、気管支喘息の発作が起こっていない時のピークフロー（PEF）値はいくつか、また発作の程度に応じたピークフロー値はいくつかを確認をしておくと、教室復帰させてよいのか、保健室で経過観察するべきか、または緊急受診の必要性があるかを判断する時の助けになります。

表 11-1　日本小児アレルギー学会喘息治療・管理ガイドライン委員会

		小発作	中発作	大発作	呼吸不全
呼吸の状態	喘鳴	軽度	明らか	著明	減少または消失
	陥没呼吸	なし〜経度	明らか	著明	著明
	呼気延長	なし	あり	明らか	著明
	起座呼吸	なし	横になれる	あり	あり
	チアノーゼ	なし	なし	あり	顕著
	呼吸数	軽度増加	増加	増加	不定
呼吸困難感	安静時	なし	あり	著明	著明
	歩行時	軽度	著明	歩行困難	歩行不能
生活の状態	会話	普通	やや困難	とぎれとぎれ	不能
	食事	やや低下	困難	不能	不能
	睡眠	眠れる	時々覚醒	障害される	障害される
意識障害	興奮状態	なし	やや興奮	興奮	錯乱
	意識低下	なし	なし	ややあり	あり
PEF	吸入前	>60%	30〜60%	<30%	測定不能
PEF	吸入後	>80%	50〜80%	<50%	測定不能
SpO$_2$		≧96%	92〜95%	≦91%	<91%

用語の解説

▶1　努力呼吸

　重度の低酸素血症や喘息などの時にみられます。安静時呼吸では使用されない呼吸筋を動員して行う呼吸を努力呼吸といいます。胸鎖乳突筋などの補助呼吸筋を用います。その他、鼻翼呼吸、肩呼吸、下顎呼吸などがあります。

▶2　胸郭の形状

　正常の場合、前後径と横径の比率は、1:1.5〜2ですが、肺気腫の場合、肺の過膨張によって「前後径：横径＝1：1」になり、「樽状胸郭」と呼ばれる胸郭の異常が認められます。また、心房中隔欠損や心室中隔欠損の場合、前後径が拡大する「鳩胸」と呼ばれる胸郭の異常が認められますが、鳩胸の場合は先天性なものもあり、必ずしも異常のない場合もあるので留意する必要があります。

▶3　起坐呼吸

　気管支喘息や肺炎、心不全等の際に、呼吸困難が臥位で増強し起坐位または半坐位で軽減するという臨床的徴候のことです。座位になると横隔膜が下がるため呼吸面積が広がり肺の伸展が容易となるからです。また、左心不全の状態で臥位をとると、右心系への静脈還流が増加し、これによる肺血流の増加から肺うっ血、肺コンプライアンスの減少をきたし、呼吸仕事量の増大を招くからです。

CASE 12 ふらふらする！
熱中症の疑い

ちょうど梅雨が明けた7月中旬（気温33℃）、中学校1年生の女子（Lさん）は硬式テニス部の活動でグラウンドを5周走ったところで、ふらつくように感じ、その後、足元から崩れ落ちるように倒れました。コーチが駆けつけ、Lさんに呼びかけたところ、すぐに開眼し、ゆっくり起き上がって「大丈夫です」と話したそうです。養護教諭が駆けつけた時には、Lさんは座って休んでいました。

 事例から読み取れる情報を書き出してみましょう

- 中学校1年生の女子（Lさん）
- 一時意識消失（ふらついて倒れたが呼びかけるとすぐに開眼し起き上がる）が主訴
- 座って休んでいる
- 梅雨明けの気温33℃の環境下でグラウンドを5周走った

 事例の主訴から想起できる主な疾病や病態などを書き出してみましょう

【緊急性や重症度の高い疾病や病態（頻度は低くても見逃してはいけないもの）】
- てんかん、不整脈など

【学校でよくみられる疾病や病態】
- 貧血、メニエール病、起立性調節障害、感染症など

【この事例で考えられる疾病や病態（可能性の高そうなもの）】
- 熱中症、貧血、感染症など

 追加して知りたいことはどのような情報ですか？ 情報収集の視点と内容を書き出してみましょう

【情報収集の視点】
① 一般状態
② 主訴についての詳細および随伴症状、ふらつきに関する既往歴・現病歴の有無
③ ふらつきを伴う疾患や病態（中枢神経系、循環器系、自律神経系、末梢性（内耳疾患、感染症など）などの問題）でみられる症状の有無
④ 睡眠、食事、疲労などの生活の状況

【情報収集の内容】
〈問診〉
① ふらつきの発症時期（いつから）：数日前・数時間前・突然起こったか、どの位続いているか
② ふらつきの発症部位（どこが）：全身、足のみなど

③ふらつきの性状（どのように）：回転性（自分がぐるぐる回る感じ、周囲がぐるぐる回る感じ）、浮動性（ふわふわした感じ、体がふらつく）、立ちくらみ（眼前暗黒感（目の前が暗くなる）、頭から血が引く感じ）など。初めて経験する症状か。条件（体位等）によりふらつきの程度が変わるか
④ふらつきの程度：立っていられないか、座っているとどうか。時々ふらつくことはあるか
⑤熱中症の症状の有無：めまい、筋肉痛、頭痛、嘔気、嘔吐、倦怠感、虚脱感など
⑥熱中症に関連する情報：水分補給の状況、塩分摂取状況、睡眠時間と睡眠の質（平時、昨日と今日の違いも含めて）や疲労、ストレス状態など。運動環境、気温、湿度、活動場所活動内容などの運動環境。頭部を打っていないか
⑦ふらつきに関連した疾患や
　その他持病の有無：　てんかんに関連する症状（言動の異常の有無、これまで意識を失って倒れたことはあったか）、不整脈に関連する症状（動悸、息切れ、眼前暗黒感、めまいなど）、貧血に関連する症状（全身症状（倦怠感、易疲労感）、中枢神経症状（頭痛、耳鳴、めまい）、循環器症状（心窩部痛）、消化器症状（食欲不振、下痢、便秘など）、酸素不足の代償作用による症状（動悸など）、月経の有無など）、起立性調節障害に関連する症状（立位後に生ずる気分不良、頭痛、全身倦怠感など）、メニエール病に関連する症状（反復性めまいの有無、嘔気・嘔吐、耳鳴、耳閉感、難聴など）、感染徴候の有無（上気道症状として咳嗽、咽頭痛、痰、鼻汁など。消化器症状として腹痛、下痢など）

〈視診〉
①熱中症の症状：大量の発汗、失神、けいれんなど
②てんかんに関連する症状：けいれんの有無、表情など
③貧血に関連する症状：目瞼結膜や口唇などの蒼白の有無など

〈触診〉
①熱中症の症状：筋肉の硬直（こむらがえり）、手足の運動障害など
②起立性調節障害の症状：四肢冷感など

〈検査〉
①バイタルサイン（意識、体温、脈拍、呼吸、血圧）
②SpO_2（経皮的動脈血酸素飽和度）（＊内科編 CASE⑤▶2参照）

追加情報を確認して、次に進みましょう

〈追加情報〉L＝Lさん　養＝養護教諭
L：「昨日は寝るのが遅くなって、今日は寝坊して朝ごはんを食べていない。部活前に水を飲んだけど、今は気持ちが悪くて飲めない。立つとふらつく感じがするし、足が痛くて立てない」。

養：一時意識消失したが現在は意識清明。質問に応えられる。めまい（＋）、めまいや失神の既往なく、突然発症したとのこと。

発汗（＋）、四肢の冷感（－）、筋肉痛（＋）、ふくらはぎの硬直（こむらがえり）（＋）、吐き気（＋）、十分に水分摂取ができない。便秘・下痢などの症状（－）、頭痛（±）、失神時の頭部打撲（－）、倦怠感（＋）、虚脱感（＋）。

全身性のけいれん、言動の異常などのてんかんに関連する症状（－）、安静時は動悸、息切れなどの不整脈に関連する症状（－）、目瞼結膜や口唇などの蒼白などの貧血に関する症状（－）、起立性調節障害に関連する症状（－）、回転性めまい、耳鳴り、耳閉感などのメニエール病に関連する症状（－）、感染徴候（－）。

T＝37.0℃、P＝92回／分、リズム不整なし、R＝24回／分、BP＝122／72mmHg。

 Lさんの状態をアセスメントしましょう

【緊急性や重症度の高い場合】
　意識障害はなく、全身性のけいれんなし、言動の異常なし、表情、呼吸状態などの変化もないことから、てんかんの可能性は否定的と考えられる。また、バイタルサインに異常はなく、不整脈の症状もみられないため、その他の要因を考える。

【緊急性や重症度の可能性が高くない場合】
　めまいを引き起こす貧血症状やメニエール病、起立性調節障害の症状はない。また、高体温やめまいなどに関連して、感染徴候もみられない。よって、環境や活動状況、症状から熱中症の可能性が高いと考える。
　また、Lさんは筋肉痛やふくらはぎの硬直があるが、水分摂取、Na不足によるものと考えられる。また、吐き気があり、必要な水分摂取ができないことから、今後脱水が進み、熱中症が悪化することが考えられるため、医療機関の受診が必要である。

 アセスメントをもとに何を行うのか書き出しましょう

(1) 風通しがよく涼しい環境への移動と休養
　　直射日光を避け、風通しの良い場所、できればクーラーの効いた場所に移動させ、安楽な体位をとらせて休ませる。
(2) 脱衣と冷却
　　熱放散を助けるため、衣服を脱がせる。締め付けの強いベルトやネクタイ、下着などは緩めて風通しをよくする。うちわや扇風機などの使用も有効である。
　　氷嚢（ビニール袋やアイスバッグに氷を入れる）などで、総頸動脈（前頸部の両脇）、腋窩動脈（脇の下）、大腿動脈（大腿の付け根の前面、股関節部）にあてて冷やす。

（3）救急搬送

　　　熱中症の重症度がⅡ度以上の場合は、医療機関の受診が必要である。本事例は嘔気が強く、自力で水分摂取ができないため、医療機関を受診することが求められる。また、部活動顧問に連絡し、保護者への連絡と状況説明を依頼する。

　（4）生徒への対応

　　　生徒には疲労や体調不良の時は熱中症が起こりやすくなるため、無理をしないようにすること、食事、水分、塩分摂取を十分にすることなどを指導する。また、同様の症状のある生徒がいないかを把握する。

7　この事例からの学び（考え方の解説）

　熱中症とは、「暑熱環境における身体適応の障害によって起こる状態の総称」であり、他の原因疾患を除外したものを指します。日本救急医学会の分類（2015）では、図 12-1 のようにⅠ度の症状として、めまい、大量の発汗、失神、筋肉痛、筋肉の硬直（こむらがえり）など、Ⅱ度の症状として、頭痛、嘔気、嘔吐、倦怠感、虚脱感など、そして最も重症なⅢ度の症状として、意識障害、けいれん、手足の運動障害、高体温などがあげられています。Ⅰ度は現場にて対処可能な病態、Ⅱ度は速やかに医療機関への受診が必要な病態、Ⅲ度は採血、医療者による判断により入院（場合により集中治療）が必要な病態です。重症者を救命できるかどうかは、いかに早く体温を下げることができるかにかかっていますので、救急車を要請した場合でも到着前から冷却を開始することが求められます。

	症状	重症度	治療	臨床症状からの分類
Ⅰ度 （応急処置と見守り）	めまい、立ちくらみ 生あくび、大量の発汗 筋肉痛、筋肉の硬直（こむらがえり） 意識障害を認めない （JCS＝0）		通常は現場で対応可能 →冷所での安静、体表冷却、経口的に水分とNaの補給	熱けいれん 熱失神
Ⅱ度 （医療機関へ）	頭痛、嘔吐、 倦怠感、虚脱感 集中力の低下 （JCS≦1）		医療機関での診察が必要→体温管理、安静、十分な水分とNaの補給（経口摂取が困難なときには点滴にて）	熱疲労
Ⅲ度 （入院加療）	下記の3つのうちいずれかを含む （C）中枢神経症状（意識障害 JCS≧2、小脳症状、痙攣発作） （H/K）肝・腎機能障害（入院経過観察、入院加療が必要な程度の肝または腎障害） （D）血液凝固異常（急性期DIC診断基準（日本救急医学会）にてDICと診断）⇒Ⅲ度の中でも重症型		入院加療（場合により集中治療）が必要 →体温管理 （体表冷却に加え体内冷却、血管内冷却などを追加） 呼吸、循環管理、DIC治療	熱射病

Ⅰ度の症状が徐々に改善している場合のみ、現場の応急処置と見守りでOK

Ⅱ度の症状が出現したり、Ⅰ度に改善が見られない場合、すぐに病院へ搬送する（周囲の人が判断）

Ⅲ度か否かは救急隊員や、病院到着後の診察・検査により診断される

図 12-1　熱中症分類（日本救急医学会、2015）

熱中症といっても多彩な症状を示すため、温熱環境における運動という原因から熱中症が疑わしい場合でも、同様の症状を示す疾患と鑑別することが重要です。本事例は、ふらつきの鑑別として、てんかん、不整脈、貧血、メニエール病、起立性調節障害を取り上げましたが、熱中症は他にもさまざまな症状を引き起こすため、高体温、意識障害、頭痛や嘔吐の合併する疾患の鑑別などが必要になります。

　本事例のように、若年層の熱中症は、運動後に熱中症が発症するケースが多くみられますが、高齢者になると日常生活で発症することも多くあります。そのため、熱中症を引き起こすさまざまな要因、すなわち環境要因（気温が高い、湿度が高い、風が弱い、日差しが強い、閉めきった室内、エアコンがない、急に暑くなった日、熱波の襲来など）、身体的要因（肥満、普段から運動していない、暑さに慣れていない、体調不良など）、行動的要因（激しい運動、慣れない運動、長時間の屋外作業、水分摂取がしにくいなど）について、他の疾病と鑑別するためにも環境や生活状況の問診は重要です。

　また、本事例では、吐き気のため、自力で十分な経口水分摂取をすることができませんでしたが、自分で飲める場合は冷たい水を飲ませることが重要です。水分は、スポーツドリンクや食塩水（0.1 ～ 0.2％、水 1L に 1 ～ 2g の食塩を加える）を飲ませるとよいでしょう。今後の対応として、夏季の体育や部活動などの活動場所、時間、内容などについて、校内で検討し、組織的に対応することが求められます。

【引用文献】
・日本救急医学会：熱中症診療ガイドライン、2015
・三宅康史「なるほどわかった！日常診療のズバリ基本講座　Part 2　熱中症」『レジデントノート』vol. 13（5）、羊
　　土社、2011、pp.884-893
・環境省「熱中症環境保健マニュアル」2014

CASE 13 けいれんしている！
てんかん発作の疑い

内科編

　小学校4年生の男子（M君）。10月中旬の昼休みに、「教室で男児がけいれんを起こしています。すぐに来てください！」と言われ、救急セット（AED含む）を持ち現場に急行しました。近くにいた担任によると、M君は突然意識を失い、倒れて両手足を伸ばした状態で全身を硬直させ、その後、「う〜」と、うなり声を上げながら手足をガクガクと曲げたり伸ばしたりを繰り返したそうです。だいたい1分くらいの発作であったとのことでした。
　養護教諭が到着した際は、発作は治まっており、顔面蒼白で、眼球は上転し、瞳孔は散大（左右差なし）、対光反射は消失しています。尿失禁し、意識はもうろうとした状態で、そのまま10分ほど眠り込んでしまいました。

 事例から読み取れる情報を書き出してみましょう

- 小学校4年生の男子（M君）
- 10月中旬の昼休み・教室で突然意識を失い、倒れて両手足を伸ばした状態で全身を硬直させ、その後、「う〜」とうなり声を上げながら手足をガクガクと曲げたり伸ばしたりを繰り返した（1分程の発作）が主訴
- 顔面蒼白
- 瞳孔散大[1]（＋）（左右差なし）、眼球偏位（＋）、対光反射（－）、尿失禁（＋）
- 意識がもうろうとした状態で、10分程眠り込んだ

 事例の主訴から想起できる主な疾病や病態などを書き出してみましょう

【緊急性や重症度の高い疾病や病態（頻度は低くても見逃してはいけないもの）】
- 頭部外傷、脳血管障害、髄膜炎、薬物中毒、重積発作のてんかん、失神

【学校でよくみられる疾病や病態】
- てんかん、熱中症による熱けいれん（手足のしびれ）、過換気症候群、失神

【この事例で考えられる疾病や病態（可能性の高そうなもの）】
- てんかん、熱中症による熱けいれん（手足のしびれ）

 追加して知りたいことはどのような情報ですか？ 情報収集の視点と内容を書き出してみましょう

【情報収集の視点】
　①一般状態
　②主訴についての詳細および随伴症状、けいれんに関する既往歴・現病歴の有無

91

③けいれんを伴う疾患や病態でみられる症状の有無
　　④生活習慣、疲労度等
　　⑤気候（気温、湿度等）等の環境条件

【情報収集の内容】
〈問診〉
　①発作時の記憶
　②けいれん以外の随伴症状：頭痛、動悸、胸痛、倦怠感、嘔気・嘔吐等はあるか
　③けいれんに関与する既往歴の有無：過去に頭部外傷をしていないか、不整脈等の心疾患はないか
　④生活習慣、疲労度等：睡眠不足、疲労、過度のストレス、月経など、体調不良があったか薬物を服用しているか
　⑤発作時の体位：長時間の座位、立位があったか
〈視診〉
　①顔色・顔貌
　②頭部外傷（痕跡）
　③皮膚の状態（発疹、発汗）
〈検査〉
　①バイタルサイン（意識、体温、脈拍、呼吸、血圧）
　② CRT（爪床血流充填時間）（＊内科編ＣＡＳＥ⑤▶1参照）
　③ SpO₂（経皮的動脈血酸素飽和度）（＊内科編ＣＡＳＥ⑤▶2参照）
　④髄膜刺激症状の有無（項部硬直、ケルニッヒ徴候、ブルジンスキー徴候、ジョルトサイン（＊内科編ＣＡＳＥ①▶8参照））
　⑤その他（気温、湿度、光刺激等の教室内環境）

 4　追加情報を確認して、次に進みましょう

〈追加情報〉M＝M君　養＝養護教諭

M：覚醒後、本人から聴取した情報「発作のことは全く覚えていません。その後どうしていたかも。頭痛と体のだるさ、気持ち悪さがあります。今日は音楽の笛のテストがあったので、緊張して昨夜は眠れませんでした」。

養：意識はあるが質問への応答はゆっくりで元気がなくぼーっとしている。顔面蒼白で、非常にだるそうである。

皮膚の冷感（－）、発汗（－）、皮膚の発疹（－）、動悸（－）、胸痛（－）、髄膜刺激症状（－）、心疾患の既往（－）、頭部外傷の痕跡（－）、過去の頭部外傷（－）、薬物服用（－）、尿失禁（＋）、長時間の座位、立位（－）。

CRT（爪床血流充填時間）＝2秒、SpO₂（経皮的動脈血酸素飽和度）＝95％。

気温20度、湿度45％、光刺激（－）。

T＝36℃、P＝80回／分、R＝20回／分、BP＝95／70mmHg。

 M君の状態をアセスメントしましょう

【緊急性や重症度の高い場合】
- 発作の繰り返し（－）→重積発作のてんかん[2]の可能性は低い
- 頭部外傷歴、頭部外傷の痕跡（－）→頭部外傷の可能性は低い
- 瞳孔の左右差（－）→脳血管障害の可能性は低い
- 動悸（－）、胸痛（－）、心疾患既往（－）、意識消失とけいれんが同時に発生、意識もうろう（＋）、長時間の座位、立位（－）→失神の可能性は低い
- 瞳孔散大していたが、薬物服用（－）→薬物中毒の可能性は低い
- 髄膜刺激症状（－）→無菌性髄膜炎の可能性は低い

【緊急性や重症度の可能性が高くない場合】
- 発熱（－）、熱中症に罹患する環境や活動条件ではない →熱中症の可能性は低い
- SpO_2（経皮的動脈血酸素飽和度）＝95％、R＝20回／分
  →過換気症候群の可能性は低い
- 両手足を伸ばした状態で全身を硬直（硬直性）させ、その後、「う～」とうなり声を上げながら手足をガクガクと曲げたり、伸ばしたりを繰り返した（間代性）発作、顔面蒼白、瞳孔散大（＋）（左右差なし）、対光反射（－）、尿失禁（＋）、頭痛（＋）、倦怠感（＋）、睡眠不足（＋）、低血圧、意識がもうろうとした状態で発作後眠り込む。

以上の症状から、「強直間代性てんかん発作」の可能性が高いと診断した。

内科編

 アセスメントをもとに何を行うのか書き出しましょう

（1）発作時は、転倒、転落、周囲の物品により打撲しないよう留意する。呼吸しやすいように衣服を緩める。発作の様子（発作の時間、けいれんの様子）を記録しておく。
（2）血圧の低下があり、嘔吐する可能性もあるため、安静体位（側臥位、顔を横に向ける）で足を少し（15cm程）高くできるようであればする。※様子を観察する。
（3）心身共に安静な状態で休養させる。
（4）初発の発作時や重積発作の場合は、救急搬送する。
（5）家族に連絡をし、身体の状態と救急搬送することについて説明する。

CASE ⑬ けいれんしている！～てんかん発作の疑い～

7 この事例からの学び（考え方の解説）

「てんかん」とはてんかん発作を繰り返す脳の病気であり、「てんかん発作」の時の症状は、大脳の電気的な興奮が発生する場所によって異なります（表13-1　てんかん症候群の分類参照）。また、発作の症状は個人でほぼ一定で、同じ発作が繰り返し起こることがてんかんの特徴です。発作を起こしている最中は脳の中の電流が乱れているため、脳波を測定すると異常な波が現れ、診断に用いられます。てんかん後には、意識がもうろうとするのが特徴で、失神による意識消失では、数分で速やかに戻るため、両者の鑑別に有用です。

てんかんにはさまざまな種類があり、小児てんかん全体では原因不明の特発性てんかんが多く、発病は生後から３歳までと学齢期に起こりやすいのです。また、発作時に本人は意識を失っていることが多いことから、発作の様子をよく観察して主治医に伝えることと、周囲の物で打撲し外傷を負わないようにすること、嘔吐物を飲み込むことによる窒息に留意することが重要です。

さらに、日常の生活では、規則正しい生活を心がけること、緊張や疲れが蓄積しないよう注意すること、入浴時や水泳学習時に溺水しないように安全を確保すること、光刺激は発作を誘発することがあるため留意すること、適量の服薬を忘れないことなどに留意する必要があります。また、宿泊学習時には主治医の指示に従い、睡眠時間を十分にとり、不安や緊張を著しく高める活動は避ける、薬の内容や緊急連絡先、かかりつけ病院の連絡先を書いたメモを携帯する、緊急時に搬送する現地の病院を把握しておくなどの配慮を行い、安全に参加することができるようにするなど心がけるとよいでしょう。

表13-1　てんかん症候群の分類 （小国弘量監修「てんかん info ブックレットシリーズ No.2　子供のてんかん」2015 より作成）

	特発性（原因不明）	**症候性**（原因あり）
部分 脳の一部分から発作が始まる	**特発性部分てんかん** 主に小児〜若年期に発病症状の経過はよい 良性ローランドてんかん 良性後頭葉てんかん など	**症候性部分てんかん** 成人発症に多い 発作が始まる前に何らかの前兆がある 側頭葉てんかん 前頭葉てんかん 頭頂葉てんかん 後頭葉てんかん など
全般 脳の全体が一気に発作を起こす	**特発性全般てんかん** 欠神発作や強直・間代発作などがみられるが、手足のマヒや脳の障害はみられない 良性新生児家族性てんかん 良性新生児てんかん 乳児良性ミオクロニーてんかん 小児欠神てんかん 若年欠神てんかん 若年ミオクロニーてんかん 覚醒時大発作てんかん など	**症候性全般てんかん** 新生児期〜乳児期に発病発作回数も多く、発病前から精神遅滞や神経症状がみられる ウエスト症候群 レノックス・ガストー症候群 ミオクロニー失立発作てんかん＊ ミオクロニー欠神てんかん など＊

※潜因性（症候性と考えられるが原因不明）

用語の解説

▶1　瞳孔散大（散瞳）
　疾患や薬物、外傷等によって瞳孔が過度に拡大する状態（5mm以上）である。瞳孔は普通暗闇では拡大、光の下で収縮するが、散大した瞳孔は眩しい光の下でも過度に広がったままとなる。てんかん発作時は交感神経優位となるため、瞳孔が散大していることがほとんどである。

▶2　重積発作のてんかん
　発作がある程度の長さ以上続く状態や、短い発作の場合でも繰り返し起こり、その間の意識がない状態で、生命に危険が及ぶ可能性がある状態の発作をいう。以前は発作が30分以上続いた場合に重積状態と判断していたが、最近では5〜10分間以上発作が続く場合はてんかん重積状態と判断するようになっている。

【引用文献】
・小国弘量監修「てんかんinfoブックレットシリーズ　No.2　子どものてんかん」2015（http://www.tenkan.info/download.pdf/1512_ChildrensEpilepsy.pdf）
・池田昭夫、音成秀一郎「失神の臨床 てんかんを疑う症状と診断」『日本医師会雑誌』第146巻4号、日本医師会、2017

CASE 14 朝起きるのがつらい！
起立性調節障害（OD）の疑い

高校2年生の女子（Nさん）。朝、ベッドの中で目が覚めても体が起き上がるのが、つらい、だるい、立ちくらみがするとのことで、やっと起き上がっても動悸がして息苦しく、午後から登校する日や欠席する日が増えたと言って昼休みに保健室にやってきました。

 事例から読み取れる情報を書き出してみましょう

- 高校2年生の女子（Nさん）
- 朝起き上がるのがつらい、だるい、立ちくらみ、動悸　息苦しいが主訴
- 午後からなら来られる日がある

 事例の主訴から想起できる主な疾病や病態などを書き出してみましょう

【緊急性や重症度の高い疾病や病態（頻度は低くても見逃してはいけないもの）】
- 脳腫瘍、循環器系の疾患

【学校でよくみられる疾病や病態】
- うつ病、起立性調節障害、メニエール病、不登校、睡眠障害、貧血、低血圧

【この事例で考えられる疾病や病態（可能性の高そうなもの）】
- 起立性調節障害[1]、脳脊髄液減少症、うつ病、不登校

 追加して知りたいことはどのような情報ですか？　情報収集の視点と内容を書き出してみましょう

【情報収集の視点】
　①一般状態
　②主訴についての詳細および随伴症状
　③睡眠の状況
　④既往歴・現病歴の有無（心電図異常を指摘されたことがあるか）
　⑤精神状態

【情報収集の内容】
〈問診〉
　①発症時期：不調はいつから、どのくらい続いているのか
　②症状や程度：どのような症状で、どの程度つらいのか、日により違うのか、どういう時
　　　　　　　にひどくなるのか、休日ではどうか

③立ちくらみについて：どのようなたちくらみか、仰臥位と立位で体調に変化があるか、
　　　眼前暗黒感の有無
　　④睡眠について：何時頃就寝して何時頃起きるのか、熟睡感はあるか、目覚めは良いか
　　⑤その他の症状：頭痛、腹痛、失神、イライラ、無気力などはないか、乗り物酔いはしや
　　　すいか
　　⑥原因に心当たりはあるか
　　⑦精神的苦痛：気になる事、悩みの有無（学校生活、友人関係、勉強、家族の事など）
〈視診〉
　　顔色　顔貌
〈検査〉
　　①バイタルサイン（意識、体温、脈拍、呼吸、血圧）
　　②SpO₂（経皮的動脈血酸素飽和度）（＊内科編CASE⑤▶2参照）
　　③仰臥位・起立後の脈拍・血圧の変化

 追加情報を確認して、次に進みましょう

〈追加情報〉N＝Nさん　養＝養護教諭

N：「中学校3年生頃から体に異変。特に春先から夏頃が調子が悪い。部活にも学校にも
　　行きたいのに、体はずっと寝込んでいたいぐらいつらい。でも午後から夕方にかけて
　　は、調子がいい。よく乗り物酔いをする。いらつきや無気力（－）。
養：意識清明。質問には応えられる。顔色良好。登校しぶりはない。
　SpO₂＝98％、眼前暗黒感（＋）　就寝時間が2時頃。仰臥位の方が立位より楽。
　脳脊髄液減少症症状（－）、精神的苦痛（－）。
　T＝36.4℃、R＝16回／分、P＝70回／分、BP＝110／75mmHg。

 Nさんの状態をアセスメントしましょう

【緊急性や重症度の高い場合】
　Nさんは、中3から症状があり、急に出現した症状ではないため緊急性や重症度は
低いと考えられる。

【緊急性や重症度の可能性が高くない場合】
　脳脊髄液減少症の症状とも似ているが、朝がつらいこと、立ちくらみがあること、
学校には行きたいという意欲があり精神的苦痛がないことから起立性調節障害の可能
性が高い。

CASE⑭　朝起きるのがつらい！〜起立性調節障害（OD）の疑い〜

アセスメントをもとに何を行うのか書き出しましょう

(1) まずは、体調が悪いようであれば、ベッドに休ませる。
(2) 症状から何らかの疾病の可能性を考えて、医療機関受診を勧める。特に、4週間経過しても症状が全く改善しない場合には、専門医に紹介する。
(3) 保健指導を行う。
　①立ちくらみを少なくする立ち方としては、起立時にいきなり立たないで、頭を前屈させてゆっくり30秒以上かけて立つように指導する。
　②早めに規則正しく就寝時間を決めて寝ること。
　③体が楽になる午後にウォーキング程度の運動を勧める。
　④食事は多少塩分を多くとると血圧が安定する。
(4) 学校対応としては心理的ストレスを取り除くサポートをすることが大切である。
　①怠学ではなく身体疾患であり、治療または対応をとることの必要性を教職員に説明する。
　②朝は励まして頑張らせない。体がついていかないので、できないことに自信をなくしてしまう可能性がある。
　③主治医から診断書の代わりに「診療情報提供書」を提出してもらう。
　④学校生活では、無理をさせないことが基本である。

 この事例からの学び（考え方の解説）

　Nさんの場合、①立ちくらみ②朝起きられず午前中の調子が悪い③倦怠感がある④乗り物酔いするという症状から起立性調節障害の可能性が高いと判断できます。

　起立性調節障害（OD）の特徴は、症状が変動することです。午前中に体調が悪くても午後には改善することが多いなど、症状は、個人差が大きく、周囲にはわかりづらいことがあります。そのため家族や周囲から「怠けている」と思われがちで、適切な治療につながらないこともあります。その上、精神的なストレスで悪化することもあるため、保護者や学校関係者など周囲の理解と協力が必要です。まずは体の病気として理解することが大切ですが、4週間経過しても症状が全く改善しない場合には、専門医にかかることを勧めるとよいでしょう。近年では、起立調節障害のタイプにはいくつかあり、治療もガイドラインに沿って行うこととされています。一般的には、①疾病教育②日常生活上の注意点③学校への指導や連携④薬物療法⑤環境調整⑥心理療法などがあり、重症度や心理社会的背景に応じて実施されます。水分や塩分を適切に摂取するといった生活療法の他、血圧を下げないようにする薬などが効く場合もあります。

　時間は、かかりますが、必ず治る病気です。高校3年生頃にはかなり回復し、日常生活にも支障がなくなってきます。成人になる頃には、ほとんどの子どもが治っているという予後のよい病気です。

▶1 起立性調節障害（OD）

　循環に関する自律神経の働きが悪く、起立時に体や脳への血流が低下して立ちくらみやめまい、倦怠感などの症状が出ます。小学校高学年から増え、中学生で急増する。小学生の5％、中学生の10％程度が該当するとみられ、思春期に体が急成長する影響と考えられています。

　男子に比べて女子にやや多いです。不登校の子どもの3～4割がODを伴っているという調査結果もあります。以下の11症状のうち3つ以上があれば、受診を勧めます。

【起立性調節障害（OD）の主な症状】
　3つ以上あてはまるとODの可能性が高い
　　①立ちくらみやめまいを起こしやすい
　　②立っていると気持ちが悪くなる、ひどくなると倒れる
　　③入浴時や嫌なことを見聞きすると気持ちが悪くなる
　　④少し動くと動悸や息切れがする
　　⑤朝なかなか起きられずに午前中調子が悪い
　　⑥顔色が青白い
　　⑦食欲不振
　　⑧臍の周囲の痛みが時々ある
　　⑨倦怠感がある、疲れやすい
　　⑩頭痛
　　⑪乗り物に酔いやすい

（「診断・治療ガイドライン」日本小児心身医学会から）

【起立性調節障害の種類】
（1）起立直後性低血圧
　　起立直後に強い血圧低下（平均血圧低下≧60％）と血圧回復（起立後血圧回復時間≧20秒）の遅れが認められる。立ちくらみや眼前暗黒感、動悸、全身倦怠感。
（2）遷延性起立性低血圧
　　起立直後の血圧心拍は正常であるが、起立3～10分後に収縮期血圧が仰臥時の15％以上、または20mmHg以上低下する。立位途中から生ずる気分不良、顔面蒼白、四肢冷感、動悸、頭痛、全身倦怠感、発汗。
（3）体位性頻脈症候群
　　起立中に血圧低下を伴わず、起立3分以後に著しい心拍数増加（≧115／分）が認められる。起立中の動悸、全身倦怠感。
（4）神経調節性失神
　　上記症状に加えて、一過性の脳血流低下によって、意識消失を来す失神発作、痙攣。

【引用文献】
・日本小児心身医学会編集『小児心身医学会ガイドライン集　改訂版第2版』南江堂、2015

CASE⑭　朝起きるのがつらい！～起立性調節障害（OD）の疑い～

CASE 15 お腹が痛い、気持ち悪い、息も苦しい！ 内科編

食物依存性運動誘発アナフィラキシーショックの疑い

中学校3年生の女子（Oさん）。5限目の体育の授業で長距離走を開始した直後から、お腹が痛くなり、トイレに行ったけれど出なかったそうです。その後、1人で歩いて保健室に来室し、「お腹が痛い」とかすれた声で訴え、肩で息をしていました。腹部に手をあてて前傾姿勢になって苦悶の表情をしています。

 事例から読み取れる情報を書き出してみましょう

- 中学校3年生の女子（Oさん）
- 腹痛、息苦しいが主訴
- 5限目に長距離走を行った直後から腹痛が発生
- トイレに行った後、1人で歩いて保健室に来室
- 「お腹が痛い」とかすれた声で訴え、肩で息をしている
- 腹部に手をあてて前傾姿勢になって苦悶の表情をしている

 事例の主訴から想起できる主な疾病や病態などを書き出してみましょう

【緊急性や重症度の高い疾病や病態（頻度は低くても見逃してはいけないもの）】
- 〈急性の腹痛に関連するもの〉急性腹症など
- 〈急性の呼吸困難に関連するもの〉気管支喘息など
- 〈急性の腹痛、呼吸困難に関連するもの〉運動誘発アナフィラキシー、食物依存性運動誘発アナフィラキシー

【学校でよくみられる疾病や病態】
- 〈急性の腹痛に関連するもの〉感染性胃腸炎など
- 〈急性の呼吸困難に関連するもの〉過換気症候群、気管支喘息、不安発作・パニック発作など

【この事例で考えられる疾病や病態（可能性の高そうなもの）】
- 運動誘発アナフィラキシー、食物依存性運動誘発アナフィラキシーなど

 追加して知りたいことはどのような情報ですか？ 情報収集の視点と内容を書き出してみましょう

【情報収集の視点】
①一般状態
②主訴についての詳細および随伴症状、腹痛、嘔気、呼吸苦に関する既往歴・現病歴の有無

③腹痛、嘔気、呼吸苦を伴う疾患や病態（消化器系、呼吸器系などの問題）でみられる症状の有無
④睡眠、食事、疲労などの生活の状況

【情報収集の内容】
〈問診〉
①腹痛、呼吸苦の発症時期（いつから）：数日前・数時間前・突然起こったか、どの位続いているか
②腹痛の発症部位（どこが）：腹部全体、限局的など
③腹痛の性状（どのように）：鈍痛、突き刺すような鋭い痛み、初めて経験する痛みか、周期的あるいは間欠的、持続的か。条件（体位等）により痛みの程度が変わるか
④腹痛、呼吸苦の程度：我慢できない、自制内、あまり気にならない程度など
⑤運動誘発アナフィラキシー、食物依存性運動誘発アナフィラキシーに関連した症状：
・消化器症状（腹痛、嘔気・嘔吐、下痢）
・呼吸器症状（咳嗽、鼻汁、鼻閉、くしゃみ、喘鳴、呼吸困難、嗄声（かすれた声、嚥下困難））
・皮膚粘膜症状（皮膚、口腔内、咽頭違和感などの搔痒感や違和感、咽頭痛など）
⑥腹痛、呼吸苦に関連した疾患やその他持病の有無：
・気管支喘息（呼吸困難、喘鳴、痰、酸素飽和度の低下など）
・過換気症候群（呼吸困難、胸痛、めまい、動悸、手足のけいれんや硬直など）
・不安発作・パニック発作（切迫した破滅感、息切れ、消化器症状など）
・感染性胃腸炎の症状（腹痛、下痢など）
〈視診〉
①皮膚症状（紅斑、蕁麻疹、膨疹、口唇・眼瞼腫脹など）
②呼吸器症状（チアノーゼ、努力呼吸など）
③循環器症状（顔面蒼白など）
〈触診〉
部圧痛（マックバーネー点、ランツ点の圧痛）の有無（＊内科編CASE③▶3参照）
〈検査〉
①バイタルサイン（意識、体温、脈拍、呼吸、血圧）、SpO_2（＊内科編CASE⑤▶2参照）
②腹膜刺激症状（筋性防御・反跳痛・踵落とし衝撃試験）（＊内科編CASE③▶4参照）

 4　追加情報を確認して、次に進みましょう

〈追加情報〉O＝Oさん　養＝養護教諭
O：「息がしづらい」。次第に、強く咳き込むようになった。「気持ち悪い」。
養：意識清明。質問には応えられるが話すことは苦しい様子。犬吠様咳嗽が頻回出現し、呼吸困難感あり。呼びかけに応じるが、持続する強い腹痛に顔をゆがめている。腹膜刺

激症状なし。吐き気が出現し、2度にわたり嘔吐。顔面蒼白。ぐったりしている。12時30分頃に給食を摂取。保健調査票を確認したところ、スギ花粉症はあるものの、食物アレルギーの既往はない。手足のけいれんや硬直（−）、めまい（−）、喘鳴（＋）、喀痰（＋）、胸痛（＋）、動悸（＋）、努力呼吸（＋）、口唇の腫脹（＋）、蕁麻疹（＋）、皮膚、口腔内、咽頭違和感（＋）。
T＝36.7℃、P＝108回／分、R＝28回／分、BP＝86／52mmHg、SpO_2＝88％。

Oさんの状態をアセスメントしましょう

【緊急性や重症度の高い場合】

・急性腹症について
　腹痛はあるものの、腹部の触診をしたところ、圧痛、筋性防御、反跳痛はなく、発熱もないため、否定的である。

・気管支喘息について
　呼吸困難、喘鳴、痰があり、酸素飽和度の低下がみられるものの消化器症状などもあるため、気管支喘息のみが原因とは考えにくいと判断する。

・過換気症候群について
　呼吸困難、動悸はみられるものの、胸痛、手足のけいれんや硬直などはないため、否定的である。

・不安発作・パニック発作について
　呼吸苦症状はみられるものの、蕁麻疹、喘鳴、血圧低下があるため、否定的である。

・運動誘発アナフィラキシー、食物依存性運動誘発アナフィラキシーについて
　消化器症状（2度にわたる嘔吐、持続する強い腹痛）や呼吸器症状（犬吠様咳嗽（声がかすれて犬が吠えるような咳）、呼吸困難感、喘鳴）があり、また全身症状として、呼吸数と脈拍数が増加、血圧の低下がみられ、顔面蒼白である。意識はあるものの、ぐったりしている。現在判明している食物アレルギーはないが、本症状は昼食後の運動中に、皮膚症状、呼吸困難症状などが出現したことから食物依存性運動誘発アナフィラキシーショックの可能性が高いと考えられる。

【緊急性や重症度の可能性が高くない場合】

　感染性胃腸炎は学校で高い頻度で遭遇するが、本事例では持続的腹痛の他、口唇の腫れ、蕁麻疹、皮膚、口腔内、咽頭違和感などの皮膚症状、呼吸困難などの呼吸器症状などがみられたため、否定的である。
　一方、昼食後に皮膚症状、呼吸器症状、消化器症状、血圧低下などがみられたことから、「食物依存性運動誘発アナフィラキシーショック」の可能性が高いと判断した。

アセスメントをもとに何を行うのか書き出しましょう

（1）応援要請、救急要請、保護者への連絡
（2）生徒への声かけとショック体位
　　生徒は不安な状況にあると推察できるため、状況説明と医療機関への搬送などについて適宜説明する。また、血圧低下がみられるため、仰臥位に寝かせ、足を30cmほど高く寝かせる。呼吸が苦しい場合は少し上体を起こしても問題はないが、急に立ち上がったり座ったりした場合は、状態が急変することもあるので、注意が必要である。また、嘔気・嘔吐がある場合は顔を横向きにさせ、吐物の誤嚥を防ぐ。
（3）気道確保、必要に応じて心肺蘇生の実施
（4）処方薬の使用（内服もしくは「エピペン®」注射）（＊内科編CASE⑥▶5参照）
　　重篤な症状には、アドレナリン自己注射薬（商品名「エピペン®」）を早期から注射する必要がある。アナフィラキシーショックが疑われる際に「エピペン®」を迅速に注射するためには、生徒本人が携帯・管理し、必要に応じて自己注射することが基本だが、状況に応じて教職員が児童生徒に代わり、注射することもある。「エピペン®」を注射する際は、安全に注射ができるように必要に応じて周囲の教職員が生徒の体位を整えるためにサポートすることも重要である。なお、エピペンを打つタイミングについて、小児アレルギー学会より非医療従事者向けに指針を出している。また、内服薬としては抗ヒスタミン薬やステロイド薬を処方されていることがあるが、効果が現れるまでに時間がかかり、アナフィラキシーショックなどの緊急時には効果を期待することはできないため、基本的には、軽い皮膚症状などに対して使用する。
（5）全身状態の評価と記録
　　意識、呼吸、脈拍、SpO_2、血圧などを定期的に確認し、全身状態を評価する。養護教諭は生徒の対応に中心にかかわり、対応の記録は管理職などの現場にいる教職員に依頼する。記録は、その後救急隊員などに引き継ぐ際に参考になる。
（6）保護者との連携
　　初発の場合もあるため、保護者にアナフィラキシーの原因を精査するように伝え、「学校生活管理指導表」の提出と共に結果を学校に伝えるように助言する。
（7）校内で情報共有、対応に関する研修会
　　アレルギー対応を組織的に進めるため、教職員対象の研修会で以下の内容を周知徹底することが必要である。
　　①アレルギーに関する情報の管理、学校生活管理指導表の取り扱い
　　②緊急時対応（アレルギー疾患対応マニュアルの作成、「エピペン®」の使用、一次救命処置に関することなどを含む）
（8）最新の保健情報の把握
　　年度当初の保健調査票の情報だけでは不十分である場合もあるため、健康相談などの機会や担任などとの情報交換を通じて生徒の最新の保健情報が得られるように努めることが求められる。

7 この事例からの学び（考え方の解説）

　Oさんは、昼食後の運動中に、皮膚症状、呼吸困難症状、消化器症状、血圧低下などが出現したことから食物依存性運動誘発アナフィラキシーショックの可能性が高いことが考えられます。

　アナフィラキシーとは、「アレルゲン等の侵入により、複数臓器に全身性にアレルギー症状が惹起され、生命に危険を与えうる過敏反応」といわれています。食物依存性運動誘発アナフィラキシーとは、多くの場合、原因となる食物を摂取して２時間以内に一定量の運動（昼休みの遊び、体育や部活動など）を行うことによりアナフィラキシー症状を引き起こす場合を指します。原因食物としては小麦、甲殻類が多く、原因食物の摂取と運動の組み合わせで発症するため、食べただけ、運動しただけでは症状は起きません。何度も同じ症状を繰り返しながら、この疾患であると診断されていない例もみられます。一方、運動誘発アナフィラキシーは、特定もしくは不特定の運動を行うことで誘発されるアナフィラキシー症状です。食物依存性運動誘発アナフィラキシーと異なり、食事との関連はありません。アナフィラキシーにより、意識障害、血圧低下のショック症状を伴うものをアナフィラキシーショックといい、適切に対応しないと命にかかわることもあるので、注意が必要です。

　アナフィラキシーは、①皮膚症状または粘膜症状が存在し、呼吸器症状、循環器症状のうち１つ以上を伴うこと、②アレルギー暴露後の急速に発現する皮膚・粘膜症状、呼吸器症状、循環器症状、消化器症状のうち２つ以上伴うこと、③アレルゲン暴露後の急速な血圧低下がみられた場合に診断されます。また、表15-1のように、アナフィラキシーの重症度は３つに分けられ、グレード１（軽症）はアナフィラキシーと診断されず、グレード２以上の症状が複数ある場合に診断されます。アナフィラキシーの症状は非常に多様であるため、本事例のように腹痛が主訴になり、その後進行する場合もあれば、他の症状を伴わずにいきなりショック症状を呈することもあるなど、注意が必要です。一度改善した後も再燃する二峰性の経過をとることにも留意しなければなりません。

　また、発症にあたり、本事例のように中学校３年生になるまで本人が食物アレルギーの認識がなかった場合、あるいは少量摂取できるようになった場合などでも、運動などによりアレルギー症状が誘発されることもあるため、発症の状況や実際の症状から冷静に判断することが求められます。

　いずれにせよ、アナフィラキシーは急激に発症、進行するため、迅速な対応が必要です。学校では、緊急時対応を想定し、組織的に対応を共有するため、定期的に教職員を対象に研修会を行うことが求められます。

表 15-1 臨床所見による重症度分類

		グレード 1 （軽症）	グレード 2 （中等症）	グレード 3 （重症）
皮膚・粘膜症状	紅斑、蕁麻疹、膨疹	部分的	全身性	←
	瘙痒	軽い瘙痒（自制内）	強い瘙痒（自制外）	←
	口唇・眼瞼腫脹	部分的	顔全体の腫れ	←
消化器症状	口腔内、咽頭違和感	口、のどのかゆみ、違和感	咽頭痛	
	腹痛	弱い腹痛	強い腹痛（自制内）	持続する強い腹痛 （自制外）
	嘔吐・下痢	嘔気、単回の嘔吐・下痢	複数回の嘔吐・下痢	繰り返す嘔吐・便失禁
呼吸器症状	咳嗽、鼻汁、鼻閉、くしゃみ	間欠的な咳嗽、鼻汁、くしゃみ	断続的な咳嗽	持続する強い咳き込み、犬吠様咳嗽
	喘鳴、呼吸困難	—	聴診上の喘鳴、軽い息苦しさ	明らかな喘鳴、呼吸困難、チアノーゼ、呼吸停止、$SPO_2 \leqq 92\%$、締めつけられる感覚、嗄声、嚥下困難
循環器症状	脈拍、血圧	—	動脈(＋15回／分) 血圧軽度低下、蒼白	不整脈、血圧低下、重度徐脈、心停止
神経症状	意識状態	元気がない	眠気、軽度頭痛、恐怖感	ぐったり、不穏、失禁、意識消失

血圧低下 ：1歳未満＜70mmHg、1〜10歳＜［70mmHg ＋ (2×年齢)］、11歳〜成人＜90mmHg

血圧軽度低下 ：1歳未満＜80mmHg、1〜10歳＜［80mmHg ＋ (2×年齢)］、11歳〜成人＜100mmHg

（篠田紀之ほか：日本小児アレルギー学会誌（28）、2014、pp.201-210 をもとに作成）

【引用文献】
・日本アレルギー学会「アナフィラキシーガイドライン」2014
・日本学校保健会「学校のアレルギー疾患に対する取り組みガイドライン」2008

CASE 16 頭が痛くて気持ち悪い、足に力がはいらない！ 内科編

若年性くも膜下出血の疑い

　小学校3年生の男子（P君）。5時間目の途中、「頭が痛くて気持ち悪い、足に力が入らない」と言って1人で歩いて来室しました。授業中に突然痛くなったとのことでした。P君は学級のムードメーカー的な存在であり、陽気で元気な児童でした。休み時間の度に外に出て元気に遊び、常時、生傷が絶えず、保健室に頻繁に来室していました。さほど、具合が悪くなくても、保健室の入り口から顔を出し、養護教諭に手を振るなど明るい児童で、その日も昼休みにドッジボールをしていたらしく、昼休みにP君と一緒に遊んでいた同じクラスの児童が擦過傷で来室した際に楽しそうに話をしていました。P君は来室するなり、「頭が痛い」と言いながら椅子には座らず、頭を抱えて床に座り込んでしまいました。P君は数日前にめまい症状で来室していたこともありました。

 事例から読み取れる情報を書き出してみましょう

- 小学校3年生の男子（P君）
- 頭痛と嘔気、足に力が入らないが主訴
- 授業中、突然痛くなった
- 普段から、軽度ではあるがけがでよく来室する児童
- 具合が悪くなくてもよく来室する
- 頭が痛いと言って椅子に座らず、頭を抱えて床に座り込む
- 昼休みは元気にドッジボールをして遊んでいた
- 数日前、めまいで来室している
- 1人で歩いて来室した

 事例の主訴から想起できる主な疾病や病態などを書き出してみましょう

【緊急性や重症度の高い疾病や病態（頻度は低くても見逃してはいけないもの）】
・脳血管障害[1]、頭部外傷、脳腫瘍など

【学校でよくみられる疾病や病態】
・起立性調節障害、片頭痛、緊張性頭痛、感染症など

【この事例で考えられる疾病や病態（可能性の高そうなもの）】
・脳血管障害、感染症

3 追加して知りたいことはどのような情報ですか？ 情報収集の視点と内容を書き出してみましょう

【情報収集の視点】
　①一般状態
　②主訴についての詳細および随伴症状、頭痛に関する既往歴・現病歴の有無
　③頭痛を伴う疾患や病態（頭蓋内疾患、眼・鼻・歯科の問題）でみられる症状の有無
　④嘔気の状態
　⑤足の状態
　⑥精神状態

【情報収集の内容】
〈問診〉
　①頭痛の発症時期（いつから）：数日前・数時間前・突然起こったか、どの位続いているか
　②頭痛の発症部位（どこが）：頭全体、片側だけ、後面、両側頭部など
　③頭痛の性状（どのように）：初めて経験する痛みか、痛みは軽減する場合とひどくなる
　　　　　　　　　　　　　　場合があるか、何をすると痛む程度が変わるか、ズキズキ、
　　　　　　　　　　　　　　キリキリ、鋭いか鈍いか
　④頭痛の程度：どの位（疼痛の程度）：我慢できないくらい、背後から殴られたような痛みか
　⑤主訴以外の症状：けがの有無、腫脹の有無、内出血の有無、風邪などの感染症の有無
　⑥嘔気の有無：直ぐに吐きそうか、吐きそうで吐けないような状態か、何となく気持ちが
　　　　　　　　悪いのか
　⑦足の筋力、神経の状態：足の底を床につき膝を立てられるか、足の底に力をいれて床を
　　　　　　　　　　　　　踏みしめられるか、痺れ、痛み、麻痺
　⑧精神的苦痛：気になる事や悩みの有無（学校生活、友人関係、勉強、家族の事など）
〈視診〉
　外傷の有無、顔色・顔貌（顔面神経麻痺の有無）、発汗、異常姿勢
〈触診〉
　運動麻痺の有無（筋トーヌスの異常の有無）歩行、反射の評価、腱反射の異常
〈検査〉
　①バイタルサイン（体温（体温の上昇）、呼吸、脈拍、血圧）
　②眼の検査（眼球運動、眼球の位置、瞳孔、対光反射の有無、複視）
　③髄膜刺激症状の有無（項部硬直、ケルニッヒ徴候、ブルジンスキー徴候、ジョルトサイン）（＊内科編CASE①▶8参照）
〈急性期症状〉
　①意識障害、②瞳孔不同、③対光反射の減弱・消失、④呼吸の変化（チェーンストークス
　　呼吸の有無）、⑤血圧の上昇・脈圧の増大、⑥徐脈

内科編

CASE⑯　頭が痛くて気持ち悪い、足に力がはいらない！ 〜若年性くも膜下出血の疑い〜

追加情報を確認して、次に進みましょう

〈追加情報〉P＝P君　養＝養護教諭

P：急にが〜んと殴られたような感じがした。頭全体がガンガンする。胸もムカムカして足に力がはらない感じがする（おしゃべりなB君の口数が少ない）。

養：意識はあり質問に応えられるが話し方はゆっくりで元気がなく口数が少ない。
　　突発に起こった激痛。髄膜刺激症状（＋）、両膝をたたせても力が入らず、足が伸びてしまう。嘔気（＋）、下肢の麻痺（＋）、外傷（－）、眼の症状、検査とも異常なし。精神的苦痛（－）。
　　T＝36.1℃、P＝60回／分、R＝20回／分、BP＝100／60mmHg。

 P君の状態をアセスメントしましょう

【緊急性や重症度の高い場合】
　脳血管障害（子どもの場合脳動静脈奇形によるくも膜下出血など）が想定される場合には、緊急性が高くなる。
　①意識障害、瞳孔不同、対光反射の減弱・消失、呼吸の変化、血圧の上昇・脈圧の増大、体温の上昇などショック症状
　②吐き気を伴い、手足の麻痺はないがふらついたり、体のバランスがとれない
　③嘔吐が起きたり、片側の顔面の動きがにぶい
　④急激な激しい頭痛と身体麻痺の出現、腱反射の異常
　P君の場合、以下の理由により緊急度は高いと推測される。
　①突然床にしゃがみ込み足に力が入らない（麻痺）
　②危険な頭痛の徴候あり
　　・突発的な痛み（脳血管障害などは突然の激痛から始まることが多い）
　　・増悪（段々と痛みがひどくなる）
　　・最悪（殴られたような痛み）
　P君の場合、数日前にめまいの症状もあり脳腫瘍の可能性もある。
　普段から頻繁に保健室に来室している児童であるため、授業中に心理的な負担がかかるような出来事が起こっているのではないか、それが頭痛という身体症状に現れているのであろうと判断されがちである。そのために発見、対応が遅れることがないようにする必要がある。

アセスメントをもとに何を行うのか書き出しましょう

> （1）P君を落ち着かせ、なるべく動かさないようにし、その場で本人の楽な姿勢にして休ませる。
> （2）症状からくも膜下出血が起こっている可能性を推測し、管理職、担任、保護者に連絡する。同時に救急車を要請する。
> （3）保護者に連絡する際に状態を説明し、病院に直行してほしいことを明確に伝える。

 この事例からの学び（考え方の解説）

　頭痛の訴えで来室してきた場合、最初に考えなければならないのは、緊急性の高い疾患です。この事例の場合クモ膜下出血が疑われます。その手がかりとして、
　①痛みが急激であり激烈であるか
　②足の麻痺がみられる。しゃがみ込んでしまう仕草
　③腹筋刺激症状（体を動かさずにエビのように腰を曲げて痛みを我慢している苦痛様症状）があるか
　④ショック症状（脈拍の頻拍・微弱、呼吸の浅表・血圧低下、目がうつろ、顔面蒼白、冷汗、声が出ない、話せない、嘔吐）はあるか。
　普段よく来室するP君の口数が少ないことからかなり重篤な状況が起こっていることがすでに疑われます。
　P君の場合、すでに激痛と共に足に力が入らなくなっているため、緊急性が疑われます。以下の理由により緊急度は高いと推測されます。
　①突然床にしゃがみ込む足に力が入らない
　②以下、危険な頭痛の徴候あり
　　・突発的な痛み（脳血管障害などは突然の激痛から始まることが多い）
　　・増悪（段々と痛みがひどくなる）
　　・最悪（殴られたような痛み）足に力が入らないことや、診療台に座らず、頭を抱え、座り込んでしまう症状から、明らかにクモ膜下出血の可能性が高いことが推測されます。
　しかし、ここで注意しなくてはならないことは、おそらく、小学校3年生という年齢で、くも膜下出血が起こる可能性は考えられないと、除外してしまう可能性が高いため留意する必要があります。
　小児の先天性の血管奇形は脳動静脈奇形です。市来崎ら（1979）によると、19例中の89.5％がくも膜下出血で発症したという報告もあります。若年者の頭蓋内出血では、まず、

脳動脈奇形を考えることが大切です（窪田、2015）。成人よりも死亡率が高いとされおり、出血の箇所（被膜出血、視床出血、皮質下出血、小脳出血、脳幹出血）によっても多少症状が異なります。意識障害、片麻痺、頭痛、嘔吐、片側の視力障害などの症状が出現した場合は緊急性が高くなります。「足に力がはいらない」という症状について子どもの場合、神経脱落症状というより髄膜刺激症状からのものとして出現がみられます。また、痛みが激しく、問診できない可能性があるため、なるべく簡単な言葉で、たとえば「はい、いいえ」で応えられる問診を行います。また、緊急性が高いため視診ですばやく重要な情報収集を行います。

　本事例の場合、普段から頻繁に来室している児童であるため、心因性を疑いがちです。的確な養護診断を行うためには、いかに普段の様子、来室時に受け応えの仕方、表現との違いを見分けられるかが養護診断の鍵を握っているといえます。

用語の解説

▶1　脳血管障害
　脳の血管が障害を受けることによって生じる障害の総称であり、脳出血、脳梗塞の2つに分けられます。さらに脳出血は脳内出血とクモ膜下出血、脳梗塞は脳血栓および脳塞栓に分類されます。

【引用・参考文献】
・市来崎潔・秋山武仁・四宮陽一他「小児の脳動脈奇形19例の追跡調査の検討」『小児の脳神経』（4）、1979、pp.129-136
・窪田惺『0（ゼロ）からの脳神経外科学』ぱーそん書房、2015、pp.159-161

〈外科編〉

CASE 1 頭を押さえている！

ジャングルジムから落ちて
頭部打撲の疑い

> 小学校2年生の男子（Q君）。外遊びが大好きで活発なQ君。今日は2年生がジャングルジムで遊べる日なので、昼休みは誰よりも先にジャングルジムに向かいました。
> いつものようにジャングルジムで鬼ごっこをして遊んでいた時、鬼から逃げていたQ君が足を踏み外して地面に落下してしまいました。友達に付き添われて頭を押さえながら保健室に来ました。

 事例から読み取れる情報を書き出してみましょう

- 小学校2年生の男子（Q君）
- 後頭部を打ったが主訴
- 昼休みにジャングルジムで鬼ごっこをして遊んでいて、逃げている時に足を踏み外して地面に落下
- 後頭部を押さえながら歩いて保健室に来た

 受傷機転や事例の主訴から想起できる主な外傷を書き出してみましょう

【受傷機転】
- ジャングルジムで鬼ごっこをして遊んでいて、逃げている時に足を踏み外して地面に落下後頭部を押さえている

【緊急性や重症度の高い外傷】
- 頭蓋底骨折、脳出血[1]（急性硬膜外血腫、急性硬膜下血腫）、頸椎骨折、頸椎捻挫[2]

【学校でよくみられる外傷】
- 頭部打撲、脳震盪[3]、切創、皮下血腫

【この事例で考えられる外傷】
- 頭部打撲、脳震盪、皮下血腫

 追加して知りたいことはどのような情報ですか？ 情報収集の視点と内容を書き出してみましょう

【情報収集の視点】
① 一般状態
② 受傷部の状態の詳細
③ 受傷部以外の状態の詳細
④ 受傷機転の詳細

【情報収集の内容】
〈問診〉
　①受傷部の状態：どこが、どのように、どうなっているか、受傷部の疼痛の有無や程度、腫脹の有無、変形、出血の有無など
　②機能の状態：手足は動かせるか、しびれがないか、歩けるか
　③受傷部以外の状態：吐き気、嘔吐、めまい、頭部以外の受傷部位の有無（臀部、背部、肩部）、記憶障害、けいれんの有無、四肢のしびれ、動かしにくさ、めまい、麻痺の有無など
　④受傷機転の詳細：いつ、誰と何をしていて、どうなって、どうなったか、他に怪我をした生徒はいないか、他者の介在、不自然な受傷機転の有無を本人、教員、生徒から聞く
〈視診〉
　意識状態、顔色・表情、受傷部位の箇所と範囲、受傷部の発赤の有無や程度、腫脹の有無や程度、変形、皮膚の色
〈触診・打診〉
　受傷部の腫脹、熱感
〈検査〉
　①バイタルサイン（意識、体温、脈拍、呼吸、血圧）
　②瞳孔（対光反射）、視野、聴力など

外科編

 追加情報を確認して、次に進みましょう

〈追加情報〉Q＝Q君　養＝養護教諭

Q：「(頭の) 後ろの方が痛い。ガンガンする。追いかけられて逃げていたらズルッと足がすべって、気づいたら落ちていた。どう落ちたかはわからない。ただびっくりして、こんなこと初めてで……」。

養：意識清明。質問に応えられる。全身発汗多量。顔面紅潮。後頭部を押さえながらやや興奮気味に話す。後頭部には熱感あり、歩行可能だが身体を動かすと頭に響く感じがする。落ちた際にできた右肘の擦り傷以外は他の受傷部位はなく、四肢のしびれや麻痺もない。受傷部の出血（−）、痛みの増強（−）、嘔気・嘔吐（−）。

ジャングルジムをつたって逃げている中で3段目あたりから足を踏み外し、あっという間に後ろから地面に落ち、くの字になって横向きに倒れていたとのこと。他者の介在なし。自分で起き上がったが、頭が痛くて一緒に遊んでいた友達が保健室に連れてきた。Q君の両親は共働きで、日中は仕事をしているが、家の近くには祖父母が住んでいる。T＝36.7℃、P＝80回／分（整）、R＝24回／分、BP＝110／60mmHg。

Q君の状態をアセスメントしましょう

【緊急性や重症度の高い場合】

頭部打撲は、頭蓋底骨折や脳出血（硬膜外血腫・硬膜下血腫など）、脳震盪が想定されるが、以下の理由により頭蓋底骨折や頸椎骨折、脳震盪ではないと判断できる。

(1) 問診への返答がしっかりしており、1人で歩行が可能である。意識レベルは正常、バイタルサインや全身状態、眼の症状や目の検査も異常なし。

(2) 以下のような危険な頭痛の徴候はない。
　①突発的な痛み（脳血管障害などは突然の激痛から始まることが多い）
　②増悪（段々と痛みがひどくなる）
　③最悪（かつて経験したことのないような痛み、バッドで殴られる、しめ縄のようなものでギューギュー締めつけられる痛み）

(3) 頭蓋内圧亢進症状（頭痛、嘔気・嘔吐）がない。

【緊急性や重症度が高くない場合】

(1) 全身のしびれや麻痺や動かしにくさはあるが、頭の痛みと受傷したショックは続いて不安が強い。

(2) 頭部打撲による脳出血の可能性も否定できない。

(3) 安静と経過観察を行う必要がある。

 ## アセスメントをもとに何を行うのか書き出しましょう

(1) まずは頭痛が和らぐようベッドで休ませ、楽になるようであれば本人の希望を確認し冷罨法を行う。

(2) 痛かったことやびっくりしたことをいたわるような声かけをし、歩いて来られてよかったことを伝える。付き添いの友達にもお礼を伝える。

(3) 症状から起こっている可能性を説明し、医療機関受診を勧める。

(4) 管理職、担任へ状況報告し、今後予測されることを踏まえて保護者へ連絡することについて確認をとる。

(5) 担任へ保護者への連絡を依頼する。
　→担任ができない場合は養護教諭から連絡してよいか確認する。

(6) まずは安静にするために保健室で休ませるが、痛みが続いているようであればできるだけ早めに保護者に迎えに来てもらうように連絡をする。

(7) 保護者が仕事などですぐに来られない時は祖父母の方などに来てもらうよう家族で調整をしてもらい、どうする方がよいか迷った時は担任に必ず相談する。

(8) 子どもにも保護者にも、頭を打った後は、すぐに自覚症状が無くても徐々に悪化することもあるので（次第に出血が増えて脳が圧迫される）、脳出血を疑い24～36時間の注意深い経過観察（吐き気、嘔吐、頭痛、言動、麻痺等）が必要であることを伝える。

この事例からの学び（考え方の解説）

　頭部打撲は、受傷直後は歩いて保健室まで来られるなど軽傷にみえても、徐々に悪化することもあるため、問診やバイタルサイン測定を確実に行い、損傷の予測を行うことが求められます。起きている症状の程度や特徴を理解して、重症度を判断する観察が重要といえます。頭を押さえてきたからといっても受傷したところが頭部だけとは限りません。必ず全身をよく見て、他に打撲など外傷がないか確認が必要です。

　出血や意識障害、骨折、けいれんなどから緊急性を判断し、受傷した状況、意識消失・健忘症の確認を行います。この時、並行してバイタルサイン測定（特に、血圧と体温）と頭部外傷の確認や瞳孔をみることで、頭蓋内損傷について確認できます。頭部打撲後に消化器系の要因が考えられないのに、嘔気や嘔吐があった場合は頭蓋内圧亢進を疑って、医療機関受診を考えるべきでしょう。

　また、頭部外傷後に、正常に行動がとれているのに、ほんの数分から数時間にわたって記憶が失われる一過性の健忘症が起こることもあり、ただでさえ強い不安をさらなる不安に陥らせないように対応することが求められます。

　頭痛の持続、嘔気、嘔吐、痙攣、発熱、めまい、見え方、受け応えの内容に注意して24時間観察を継続し、状態の変化に早期対応できることが大切です。保護者にも必ず伝え、観察を継続してもらいましょう。

　本人だけではなく、目の前で落下して頭を打つ場面に遭遇した周囲の児童生徒への配慮も忘れてはいけません。自分ではなくても友達に起きたことでショックを受け、怖くて2度とジャングルジムで遊べなくなることもあります。本人以外の児童生徒に対するケアも必要です。

用語の解説

▶1　脳出血
　　脳内の血管が何らかの原因で破れ、頭蓋内の大脳、小脳および脳幹に出血した状態の総称であり、脳血管障害の20％を占めます。そのために意識障害、運動麻痺、感覚障害などの症状が現れます。

▶2　頸椎捻挫
　　一般的に「むち打ち損傷」といわれることがありますが、頸部脊柱の軟部支持組織の損傷と定義されます。すなわち首の筋肉、靭帯、関節の損傷を指します。

▶3 脳震盪

　直接的な頭部への打撃により脳が大きく揺さぶられ、即時性、一過性の意識障害を特徴とします。脳波、頭部 MRI でも異常はなく、肉眼的にも顕微鏡的にも異常はありません。脳震盪後に持続する自覚症状には、頭痛、めまい、耳鳴り、難聴、倦怠感、イライラ、集中力低下や課題遂行の困難、不眠、ストレスなどがあります。

【引用文献】
・南山堂『医学大辞典』
・内田淳正・加藤公編『カラー写真で見る！骨折・脱臼・捻挫　改訂版』羊土社、2010
・草川功監修『ここがポイント！　学校救急処置─基本・実例、子どものなぜに答える』農文協、2013

CASE 2 片目をつぶり押さえている！

外科編

ボールがあたって眼窩底骨折の疑い

高校1年生のテニス部員（R君）。放課後、テニス部の練習で打ち返されたテニスボールが地面にバウンドしてイレギュラーしてしまい右眼にあたってしまいました。R君はうずくまり、右眉毛あたりに2cmほどの切傷、目が開けられないほどの強い痛みを訴えていました。

 事例から読み取れる情報を書き出してみましょう

- 高校1年生の男子、テニス部員（R君）
- 目が開けられないほどの強い痛みと2cmほどの切傷が主訴
- 打ち返されたテニスボールが地面にバウンドして右眼にあたった

 受傷機転や事例の主訴から想起できる主な外傷を書き出してみましょう

【受傷機転】
- テニスボールが目にあたった
- 強い痛みと切傷

【緊急性や重症度の高い外傷】
- 眼瞼および結膜出血、外傷性虹彩炎[1]、前房出血[2]、網膜剥離[3]、眼窩底骨折[4]、視神経管骨折、眼球破裂、硝子体出血

【学校でよくみられる外傷】
- 網膜剥離　外傷性虹彩炎、前房出血、網膜振とう[5]

【この事例で考えられる外傷】
- 眼窩底骨折、網膜剥離、眼球損傷

 追加して知りたいことはどのような情報ですか？ 情報収集の視点と内容を書き出してみましょう

【情報収集の視点】
①一般状態
②受傷部の状態の詳細
③受傷部以外の状態の詳細
④受傷機転の詳細

【情報収集の内容】
〈問診〉
①受傷部の状態：痛みの程度、目は開けられるか、異物感、メガネやコンタクトレンズの有無
②機能の状態：開けられた場合の見え方（ぼやけるか、光は見えるか、指は見えるか、指は何本か、いつもと見え方が違うか、文字が二重に見えるか、キラキラした光が見えるか、霧視はないか）
③受傷部以外の状態：頭痛、吐き気、頭部外傷
④受傷機転の詳細：いつ、誰と何をしていて、どうなって、どうなったか、どれくらいのスピードであたったか。他にけがをした生徒はいないか、他者の介在、不自然な受傷機転の有無を本人、教員、生徒から聞く
〈視診〉
①顔色、表情、受傷部位の箇所と範囲、目の周りの内出血、腫脹、眼球の出血、肉眼で眼瞼裂傷、流涙（目の中をしっかり見る）・結膜充血
②ペンライトをあて▶6、前房出血、対光反射、瞳孔の不同、散瞳の有無
③右眉毛切傷からの出血、傷口の大きさ、眼の周辺の外傷
〈触診・打診〉
眼の周辺を押して打撲、骨折がないかの確認
〈検査〉
①バイタルサイン（意識、体温、脈拍、呼吸、血圧）
②対光反射（＊内科編 CASE①▶7参照）、眼球運動▶7
③視野検査（対座法）▶8
④複視　視力低下（ぼやけていないか、指2本が見えるかなどの簡易検査を行う）

4 追加情報を確認して、次に進みましょう

〈追加情報〉R＝R君　養＝養護教諭

R：物が二重に見える感じがします。コンタクトはしていません。少し気持ちが悪いです。

養：意識清明。質問に応えられる。顔色良好。眉間にしわを寄せて苦痛様な表情。目の周りの内出血（－）、腫脹（＋）、眼球充血（＋）、眼瞼裂傷（－）、流涙（－）、結膜充血（－）、前房出血（－）、対光反射（－）、瞳孔の不同（－）、散瞳（－）、右眉毛切傷からの出血（＋）、傷2cm。眼瞼裂傷（－）、複視（＋）、眼球運動（上転ができない）、眼の周囲の打撲軽度あり、周囲を触ると痛み強くあり。吐き気（＋）、頭痛（－）、頭部外傷（－）。

バウンドしたボールのスピードは弱まってはいたがやや強めに目にあたった。他者の介在なし。

T＝36.5°、P＝80回／分、R＝25回／分、BP＝110／65mmHg。

5 R君の状態をアセスメントしましょう

【緊急性や重症度の高い場合】
　眼球自体に眼球破裂などの所見はないため、緊急搬送の必要がない。
【緊急性や重症度が高くない場合】
　眼が上転できず、複視があるため、右眉毛切傷の応急処置の後、すぐに形成外科のある総合病院に受診をさせる。

6 アセスメントをもとに何を行うのか書き出しましょう

（1）右眉毛切傷の出血部を洗い、ガーゼ等で止血、保護をする。
（2）充血に対して、目の周囲を冷たいタオル等で冷やす。
（3）目を強く圧迫しないようにして、目を覆う（できれば両目：安静のため）。
（4）管理職、担任に報告をする。
（5）保護者に連絡をして、状況の説明と病院に受診することを伝え、病院に来てもらえるように依頼する（保険証、現金、携帯電話を持参することも伝える）。

7 この事例からの学び（考え方の解説）

　生徒がパニックになっているケースも多いので、本人のみならず周りも落ち着かせることが大切です。視力低下や痛みなどの自覚症状はみられなくても、目の中が傷ついている場合もあるので、必ず眼科医の診察を勧めるべきです。
　眼球運動をチェックする理由は、眼窩底骨折（写真）が起こっているかどうかを知るためです。その際、特に上方向への眼球運動障害が多く生じます。
　眼の周りの骨折は診断がつきにくく、X線でも骨折が発見できない場合もあります。
　眼窩は、眼球がおさまっている頭蓋骨のくぼみで、そこには眼球を動かす筋肉があります。眼の周りを打撲して眼窩底に障害が起こると、眼球運動ができなくなります。眼窩底の骨折が疑われ、複視や眼球陥没などの症状がみられた場合にはCT検査をする必要があります。CT検査のできる病院に行くとよいでしょう。手術となる場合には形成外科で行いますので、眼科、形成外科のある総合病院を受診しましょう。
　眉間の切傷のように顔の傷に対しても外科ではなく形成外科に行くと傷跡が残らないように対応してもらえるのでよいでしょう。
　養護教諭が不在時に受診を要することがあるため職員には、専門医がいる医療機関が誰にでもわかるように周知しておくことが大事です。

CASE② 片目をつぶり押さえている！〜ボールがあたって眼窩底骨折の疑い〜

▶1　外傷性虹彩炎
　打撲による茶目＝虹彩の炎症です。外傷性虹彩炎の多くは、虹彩の軽度な出血であり、視力障害が軽度であれば、3週間前後で完全に消失、後遺障害を残すこともありません。

▶2　前房出血
　外傷により前房中に出血をきたすものです。目の表面の血管が破れた場合は、結膜が赤くなります。程度により治療法が異なってきます。目の表面だけの出血は特に治療の必要はありませんが、重症のものでは、視力の低下がみられます。

▶3　網膜剥離
　網膜剥離とは、眼球の内側にある網膜が剥がれて、視力が低下する病気です。加齢や糖尿病網膜症などの一部の病気や、頭部・眼球への物理的ショックが原因で起こります。

▶4　眼窩底骨折
　眼窩底骨折とは鈍的外力で前から眼球を押される外傷によって、眼球を支える薄い骨が骨折することです。球技を行った際や喧嘩、転倒、交通事故などに眼窩底を骨折する場合が多くみられます。眼球陥没や複視、眼球運動障害などを引き起こすのが特徴です。

▶5　網膜振とう
　打撲などによる比較的軽い衝撃が眼底に起こった場合に起こる症状の１つです。打撲直後から数日の間に起こり、目の奥が乳白色に濁るなどして、視界が悪くなることが、起こります。ほとんどの場合は、何もしなくても２週間ほどで自然治癒しますが、場合により網膜剥離を起こします。

▶6　ペンライトのあて方
　該当児童生徒の目を開けて、ペンライトを斜め横の方から照らす（正面からだとまぶしいため）ようにして、確認します。

▶7　眼球運動
　子どもの眼前30cmくらいで指やペンなどを見せ、左右・上下を注視させて眼球の運動や形状の異常を確認します。筋肉や神経経路に異常があると正常な運動を行えません。

▶8　視野検査（対座法）
　向かい合わせに座って視野の動きを見ながら行います。半側空間無視がある場合、固視が安定しないことが多いです。

CASE 3 鼻から出血している！

鼻に肘がぶつかり
出血・鼻骨の変形の疑い

高校1年生の男子（S君）。5限目の授業中に「鼻血が出た」と保健室に入ってきました。「昼休みにグラウンドでサッカーをしていたら、B君の肘が鼻にあたった」と話しています。「鼻血だけだと思ってたけど、だんだん鼻が腫れてきた」と訴えています。

 1 事例から読み取れる情報を書き出してみましょう

- 高校1年生の男子（S君）
- 鼻からの出血と腫れが主訴
- 1人で歩いて保健室に来室
- B君と昼休みにサッカーをしていた際に、B君の肘が鼻にあたった
- 鼻が腫れてきた

 2 受傷機転や事例の主訴から想起できる主な外傷を書き出してみましょう

【受傷機転】
- 友人と昼休みにサッカーをしていた際に、相手の肘が鼻にあたった

【緊急性や重症度の高い外傷】
- 出血性ショック、頭蓋底骨折・損傷、鼻篩骨骨折（びしこつ）、上顎骨骨折、頬骨骨折・頬骨弓骨折、眼窩骨折（ブローアウト骨折）など

【学校でよくみられる外傷】
- 鼻出血、鼻骨骨折など

【この事例で考えられる外傷】
- 鼻出血、鼻骨骨折（その他、顔面の骨折の可能性も含む）など

 3 追加して知りたいことはどのような情報ですか？ 情報収集の視点と内容を書き出してみましょう

【情報収集の視点】
①一般状態
②受傷部の状態の詳細
③受傷部以外の状態の詳細
④受傷機転の詳細

【情報収集の内容】
〈問診〉
　①受傷部の状態：鼻出血の程度（出血量、持続時間など）、疼痛の程度など
　②機能の状態：鼻閉の有無など
　③受傷部以外の状態：出血性ショックの症状（ふらつき、虚脱感など）、頭蓋底骨折・損
　　　　　　　　　　傷の症状（頭痛、嘔気・嘔吐など）、その他の骨折に関連した症状
　　　　　　　　　　（複視、頬部・鼻の側面・上口唇・歯肉のしびれ、開口障害など）
　④受傷機転の詳細：いつ（時間）、誰と何をしていて（原因）、どこが（部位）、どうなっ
　　　　　　　　　　たか、他にけがをした生徒はいないか、他者の介在、不自然な受傷機
　　　　　　　　　　転の有無を本人、教員、生徒から聞く
〈視診〉
　①顔色、表情、受傷部位の箇所と範囲
　②鼻骨骨折に関連する症状：鼻出血量の出血状況と程度、鼻根部の腫脹、左右対称性（曲
　　がっている（斜鼻）、凹んでいる（鞍鼻）などの変形）、疼痛、裂傷、皮下出血など
　③受傷部位以外の症状：出血性ショックの症状（皮膚の蒼白、湿潤（冷汗）など）、頭蓋骨
　　折・損傷の症状（耳や鼻からの髄液漏など）、鼻篩骨骨折の症状（眼球陥没、眼角隔離、
　　流涙など）、上顎骨骨折の症状（顔面の平坦化、皮下出血など）、頬骨骨折の症状（頬骨
　　の平坦化、眼球の位置異常、外眼角下降など）、頬骨弓骨折の症状（開口障害、顔側面の
　　へこみなど）、眼窩骨折の症状（複視、眼球陥没など）
〈触診〉
　①鼻骨骨折などの骨折に関連する症状（圧痛、上顎の動揺性など）
　②出血性ショックの有無：（皮膚の湿潤（冷汗）、四肢の冷感など）
〈検査〉
　①バイタルサイン（意識、体温、脈拍、呼吸、血圧）
　②介達痛の有無▶1

 4　追加情報を確認して、次に進みましょう

〈追加情報〉S＝S君　養＝養護教諭

S：「鼻と顔が痛い。サッカーで競り合っていたら向かいにいたB（友人）の肘がこの辺に（右側の上顎骨から鼻）あたった」座位でうつむき、自分で鼻をつまんで止血しているが、やや脱力がみられる。

養：意識清明。質問に応えられる。出血性ショック症状（－）、皮膚蒼白（±）、湿潤（冷汗）（－）、四肢冷感（－）、鼻根部の腫脹（＋）、鼻骨の変形（斜鼻）（＋）、鼻から右頬にかけての疼痛（＋）、右頬部と鼻の擦過傷（＋）、右頬部から鼻にかけて皮下出血（±）、鼻閉感（＋）、右鼻腔から鼻出血（鮮紅色）が15分ほど持続しているが減少傾向である。介達痛（＋）。

頭蓋底骨折・損傷の症状：耳や鼻からの髄液漏（－）、頭痛、嘔気・嘔吐などの随伴症状（－）。

鼻篩骨骨折の症状：眼球陥没（−）、眼角隔離（−）、流涙（−）。
上顎骨骨折の症状：上顎骨のくぼみ（＋）、開口障害（＋）、頬部・鼻の側面・上口唇・歯肉のしびれ（＋）。
頬骨骨折・頬骨弓骨折の症状：右頬の平坦化（−）、顔側面のへこみ（−）、眼球の位置異常（−）、外眼角下降（−）。
眼窩壁骨折の症状：複視（−）、眼球陥没（−）。
　S君と衝突したB君は、右前腕から肘の擦過傷の他は問題がみられない。
　S君、B君共に故意で行ったことではない。
　T＝36.4℃、P＝78回／分、R＝16回／分、BP＝122／72mmHg。

S君の状態をアセスメントしましょう

【緊急性や重症度の高い場合】
（1）出血性ショックについて
　バイタルサインは正常値であり、頻脈や頻呼吸、意識レベルの低下はみられない。また、受傷後から持続して鼻出血があるが、少しずつ減少している。その他、やや皮膚の蒼白は認められるものの、皮膚の湿潤（冷汗）などはみられないため、出血性ショックの可能性は否定的と考えられる。
（2）頭蓋底骨折・損傷
　耳や鼻からの髄液漏はなく、頭痛、嘔気・嘔吐などの随伴症状がみられないことから、否定的である。
（3）鼻篩骨骨折について
　眼球陥没、眼角隔離、流涙などがみられないことから、否定的である。
（4）頬骨骨折・頬骨弓骨折、上顎骨骨折について
　開口障害や頬部、鼻の側面、上口唇、歯肉のしびれはみられるものの、頬骨の平坦化あるいはへこみ、眼症状（複視や眼球の位置異常などの症状）はみられない。一方、上顎骨のくぼみがあることから、上顎骨骨折の疑いがある。
（5）眼窩骨折について
　複視や眼球陥没などの関連症状がみられないため、否定的である。

【緊急性や重症度が高くない場合】
・鼻出血と鼻骨骨折について
　鼻出血がみられるが、同時に鼻根部の腫脹、変形、部位の痛み、皮下出血軽度、鼻閉、鼻骨の変形（斜鼻）があること、また減少傾向であるが、右鼻腔から鮮紅色の出血が持続していることから鼻骨骨折による鼻出血の可能性が高いと判断できる。

CASE③　鼻から出血している！～鼻に肘がぶつかり出血・鼻骨の変形の疑い～

また、合わせて上顎骨骨折の症状（上顎骨のくぼみ、開口障害、頬部、鼻の側面、上口唇、歯肉のしびれ）がみられ、受傷部位が鼻から右頬にかけての部位であったことから、鼻部と上顎骨骨折の骨折が生じた可能性が考えられる。

 アセスメントをもとに何を行うのか書き出しましょう

（1）S君に現在の状態を説明し、座位でうつむいた（自分のつま先を見る）状態で、出血側の鼻翼上部（キーゼルバッハ部位）を抑えて止血するよう指導する。血が咽頭部に流れ込んできた場合は、飲み込まずに吐き出すよう指導する（嘔気につながるため）。
（2）氷嚢等により、受傷部（鼻から上顎骨周辺）を冷やす。
（3）管理職に連絡（担任への連絡を依頼）。
（4）保護者への連絡（状況説明と受診するため、病院への来院を依頼）。
（5）近隣の医療機関に連絡の上、受診させる。
（6）S君とぶつかったB君の全身状態を確認する。担任などと協力してS君、B君の心身のケアを行うことも必要である。

7　この事例からの学び（考え方の解説）

　　鼻出血は、学校でよくみられる症状であり、とりわけ子どもは大人に比べて鼻の粘膜や血管が未熟であるため、出血しやすいのが特徴です。また、鼻血の多くがキーゼルバッハ部位からの出血ですが、細かい血管が集中しているため、鼻をかんだ時などの少しの刺激も鼻血の原因となります。また、鼻出血が多量かつ長時間続く場合は、出血性ショック（循環血液量が急激に減少し、末梢循環が維持できなくなった状態）も見逃さないようにする必要があります。出血性ショックの場合は、頻脈や浅速呼吸、血圧低下、意識レベルの低下（何となく元気がない）などのバイタルサインの変化の他、皮膚蒼白、皮膚の湿潤（冷汗）、虚脱などの症状がみられます。

　　本事例の主訴は鼻出血であり、自立歩行で保健室に来室したものの、発症前に友人の肘が鼻からその横の上顎洞にかけてあたったことによる外傷性の鼻出血であることから、出血性ショックなども含めた緊急性や重症度の高い状態も念頭におき、受傷機転を明確にした上で想起される外傷について幅広くアセスメントすることが必要です。

　　外傷性の鼻出血の場合、第一に想起されるものが鼻骨骨折です。鼻骨は特に下部の方が脆弱であるため、肘があたるなどの比較的弱い力でも簡単に折れてしまうことがあります。軽微な鼻骨骨折の場合は、判別が難しいため、受診しないケースもありますが、受傷から時間が経過すると腫れが著明になり、腫れがおさまるまで治療はできないといわれています。また、鼻骨骨折をそのまま放置すると、美容的な問題だけでなく、鼻閉など機能的に

問題が生じることもあります。よって、受傷後は早期に受診することが望ましいでしょう。
また、鼻骨骨折の場合には、鼻以外の骨折の可能性も考える必要があります。たとえば、鼻に相手の肘があたった際に、今回の事例のように鼻の外側の上顎骨骨折が生じている場合もありますし、他にも頬骨骨折あるいは頬骨弓骨折、鼻篩骨骨折、眼窩骨折（ブローアウト骨折）などを起こしていることもあります。中でも、上顎骨骨折は鼻骨の外側から上顎歯槽部に至る骨の骨折であり、鼻骨骨折と併発することがあります。上顎骨骨折の場合は、腫脹（顔面全体に及ぶ）、圧痛、皮下出血などの骨折特有の症状の他、開口障害および咬合不全（歯のかみ合わせの障害）がみられることが多くあります。また、上顎骨上方の眼窩周囲の骨折では、眼位の変異や眼球陥凹さらには複視などの眼症状が発生します。

また、鼻骨と同時に眉間やその奥の骨が受傷した場合は鼻篩骨骨折を併発することも想定する必要があります。鼻篩骨は眼機能と関連しているため、骨折した場合は眼球陥没、眼角隔離、流涙などの症状が生じます。また、受傷機転によっては頭蓋底骨折・損傷に至る場合もあるため、鼻腔や外耳道からの持続的な髄液漏の流出など（眼の周囲の全周性皮下出血（パンダの目徴候）、耳介直上の側頭部の斑状皮下出血（Battle（バトル）徴候）も重要な所見ですが、受傷直後にはみられないことが多いので確認を忘れないようにします。

このように、受傷機転によっては鼻骨骨折だけでなく、その他の骨折も関連している可能性があり、治療方針も異なるため、主訴だけでなく関連する病態を踏まえてアセスメントをする必要があります。

用語の解説

▶ 1　介達痛

触診で圧痛を観察しても、その圧痛が打撲による皮下組織の挫滅によるものか、骨折による圧痛なのかの区別が難しい場合があります。そこで、骨折の疑われる骨を長軸方向や横軸方向などから圧を加え、患部に痛みを感じるかどうかを観察します。介達痛とは、直接患部を刺激せずに、離れた部位を刺激して患部に生じる痛みのことで、以下のものがあります。

①軸圧痛	指の骨折の場合：患部の前後を持ち、近づけるように力を加えた場合、患部に現れる痛み。 大腿骨の骨折の場合：骨折部から離れた足底から下肢の長軸に向かって圧を加えると現れる痛み。
②叩打痛	大腿骨の骨折の場合：骨折部から離れた足底から下肢の長軸に向かって叩打すると現れる痛み。
③圧迫痛	肋骨骨折が側胸部にある場合：胸郭を前後から圧迫すると側胸部に現れる痛み。

【引用文献】
・日本形成外科学会「鼻骨骨折・鼻篩骨骨折」（Available at: http://www.jsprs.or.jp/member/disease/facial_fractures/facial_fractures_02.html）Accessed August 20, 2017
・安炳文「小児科医でもできる外傷診療（顔面外傷）」『小児科診療』Vol. 79、No.1、診断と治療社、2016、pp.21-24

CASE 4 歯がぐらぐらしている！
口を打ち歯牙破折の疑い
外科編

　小学校5年生の女子（Tさん）。梅雨の時期で朝から雨が降っている中を、登校がぎりぎりになってしまったTさんは、慣れない長靴で学校まで急いで向かっていました。何とか校門まで来ましたが、校門前のステンレス製の排水溝の上で滑ってしまい、前のめりで顔面から転んでしまいました。口を強く打ち、出血した状況で歯がぐらぐらすると泣きながら保健室に来ました。

 事例から読み取れる情報を書き出してみましょう

- 小学校5年生の女子（Tさん）
- 口から出血しており、歯がぐらぐらすると言っているが主訴
- 雨の朝、登校中にステンレス製の排水溝の上ですべって前のめりに転倒

 受傷機転や事例の主訴から想起できる主な外傷を書き出してみましょう

【受傷機転】
- 雨の中の登校中に、すべって前のめりに転倒
- 口から出血し、歯がぐらついていると訴えている

【緊急性や重症度の高い外傷】
- 歯の脱臼や破折▶1、下顎骨骨折▶2

【学校でよくみられる外傷】
- 歯の脱臼や破折、口腔内粘膜損傷、口唇裂傷

【この事例で考えられる外傷】
- 歯の脱臼や破折、口腔内粘膜損傷、口唇裂傷、下顎骨骨折

 追加して知りたいことはどのような情報ですか？ 情報収集の視点と内容を書き出してみましょう

【情報収集の視点】
　①一般状態
　②受傷部の状態の詳細
　③受傷部以外の状態の詳細
　④受傷機転の詳細
　⑤既往歴

【情報収集の内容】
〈問診〉
  ①受傷部の状態：どこが、どのように、どうなっているか、疼痛や不快な症状の有無と程度
  ②機能の状態：口は開けられるか、話せるか
  ③受傷部以外の状態：顔面全体（顎、目、耳、鼻、頬など）の痛みの程度や四肢や体幹の
                打撲など外傷の有無、めまいや頭痛の有無と程度、口腔外の痛み、
                口腔内の粘膜損傷、出血の有無、歯の状況
  ④受傷機転の詳細：いつ、誰と何をしていて、どのようになったのか、他にけがをした生徒
             はいないか、他者の介在、不自然な受傷機転の有無を本人、教員、生徒
             から聞く
  ⑤既往歴：歯列矯正歴の有無、乳歯と永久歯の本数、かかりつけ歯科医の有無
     ※問診だけでなく併せて健康調査票も確認する
〈視診〉
  ①顔色・表情、顔面全体の変形、受傷部位の箇所と範囲
  ②出血や腫脹、皮膚の色、受傷部の出血や腫脹（顎や口唇の出血、変形、腫脹、口腔内粘
    膜損傷、出血、歯の脱臼、破折、歯肉の腫脹や出血などの状況）
〈触診〉
  ①顔面全体、四肢および体幹の受傷の確認
  ②受傷部の出血や腫脹
  ③歯の状況（脱臼か破折かぐらつきか）、歯肉の腫脹
〈検査〉
  開口運動の異常

 追加情報を確認して、次に進みましょう

〈追加情報〉T＝Tさん　養＝養護教諭

T：「歩きにくい長靴で走っていたら、ツルッと滑ってしまった。傘をさしていて手をつ
   けなくて、そのまま顔から転んでしまった気がする。口がヒリヒリして触ってみたら手
   に血がついたからびっくりした。前歯も変な感じがする」。
養：泣いているが、はっきりと状況を話せ意識状態に問題なし。出血で口の周りは血だら
   けだが、目、耳、鼻、顎、頬、額の受傷（−）、腫脹（−）、変形（−）、皮下出血（−）。
   めまい（−）、頭痛（−）、口腔外の痛み（＋）、ヒリヒリする感じ。口腔内粘膜損傷
   （＋）。
   口の中を切ってしまい、さらに上の右前歯がぐらついている。
   開口運動は正常。歯科検診結果票からは、Tさんの歯はすべて永久歯に生えかわってい
   る。
   右膝に直径 3cm 程度の擦り傷があるが、出血量は少ない。他者の介在なし。

CASE ④　歯がぐらぐらしている！〜口を打ち歯牙破折の疑い〜

Tさんの状態をアセスメントしましょう

【緊急性や重症度が高い場合】
①手をつかずに顔から転んだために口を強く打っているが、開口運動に問題はなく、Tさんの様子ならびに腫脹や変形などがみられないことから頰や顎の骨折は否定できる。
②歩行が可能であり、膝の擦り傷以外の四肢や体幹の外傷はないので受傷部位は口ならびに歯である。

【緊急性や重症度が高くない場合】
①顔部の骨折や四肢の骨折などはないが、口腔内粘膜損傷があり、右前歯にぐらつきがあることから、歯の脱臼の可能性はある。
②口腔内の確認と今後、口唇や口周辺が腫れてくる可能性もあり、止血処置と冷却処置を行い、歯の脱臼について確認する必要がある。

 アセスメントをもとに何を行うのか書き出しましょう

(1) 転倒や出血でパニックになっていることも踏まえ、まずは気持ちが落ち着くように声かけをしながら、うがいをさせ、口の周りや口腔内外をきれいに清潔にする。
(2) 出血部位を確認し、清潔なガーゼで止血する。
(3) ぐらつきのある歯について、脱臼しそうなのか、破折なのか確認する（デンタルミラーや鏡を使用すると歯の裏側等も観察ができる）。
(4) 歯や顔以外に痛いところ、けがをしているところがないか再度確認する。
(5) 強く打っているため、楽になるようであれば、止血の意味もあるため、口を冷やす。
(6) 担任への状況報告と保護者への連絡を依頼する。
　　→担任ができない場合は養護教諭から連絡してよいか確認する。
(7) 保護者に受診の必要性を説明し、かかりつけ医があればすぐに受診してもらうよう伝える。
(8) できるだけ早く保護者に迎えに来てもらうように連絡をするが、保護者がすぐに来られない時は、保護者としっかり、どの歯科医院を受診するか、受診する医療機関について相談した上で、学校から受診する。
(9) 学校から受診する場合は、担任や管理職への報告、連絡を行う。
(10) けがをした場所に行き、どういう状況だったかを確認し、2度と同じけがをさせないよう施設の改善を検討するための提案を行う。

7 この事例からの学び（考え方の解説）

　顔部に関するけがは、外見にも大きく影響があるため、対応はより慎重かつ丁寧に継続的に行っていく必要があります。歯は咀嚼や発音など毎日の生活行動にも密接にかかわってくるため、必ず専門医を受診することが重要です。

　この事例では、口を打って出血してしまいましたが、転倒というエピソードから、顔部以外の外傷の有無についても確認し忘れないように丁寧に問診や視診を行いましょう。まず、歯牙損傷や顎や頬、鼻、眼窩骨折等は視診でわかるので、緊急性は判断できます。さらに歯や口腔に関しては、口唇や口腔内の損傷、咬合不全、歯の破折、脱臼（動揺）や痛みやしみるといった知覚障害を確認します。

　歯がぐらぐらしているとは、歯が動揺しており、不完全脱臼といわれる状態です。完全脱臼（歯が完全に支持組織から離れた状態）よりも痛みも強く感じられ、歯の周囲からの出血も多くみられます。

　歯のけがについては、歯が抜けた場合、欠けた場合、ぐらぐらしている場合それぞれ対応が異なるので十分知識として理解しておきましょう。

①歯が抜けた場合

　まず抜けた歯を見つけることが大切です。見つけた時は、歯ぐきに埋まっている部分（歯根）を触らないように注意しましょう。歯根の周りには歯根膜という歯を歯ぐきやその下の骨につなぐ役目をしている線維組織があるためです。汚れていても洗わずに、そのまま小さな容器に、牛乳や生理食塩水、歯牙保存液を入れて歯を浸します。なければコンタクトレンズの保存液も代用できます。塩素で歯根膜が死んでしまうため、くれぐれも水道水には浸さないようにしましょう。受傷後30分の対応が重要なので手早く処置をしましょう。

②歯が欠けた場合

　欠けた場合は、その歯は牛乳に浸してはいけません。牛乳の脂肪の膜が歯を接着しにくくしてしまいます。折れたり欠けたりした場合は、ガーゼなど清潔なものに包んで、できるだけ早く受診しましょう。

③歯がぐらぐらしている場合

　まだ歯が歯肉に残っていて、ぐらぐらしている場合は、抜かずに指で元の位置に戻し、そのまま歯科医院を受診しましょう。

　また、今回の事例では、雨で濡れている地面、特にステンレス製の排水溝の上ですべってしまいました。学校管理下で起こったけがであり、学校安全という視点からも考える必要があります。養護教諭として、子どもがけがをしてしまった場所に行き、実際にどういう場所なのか、何が危険なのか、どうすればその危険が回避できるのかを見て検討するよ

うにしましょう。2度と同じようなけがをさせないために施設の改善を提案することも養護教諭として重要な職務の1つです。

▶1　歯の脱臼や破折

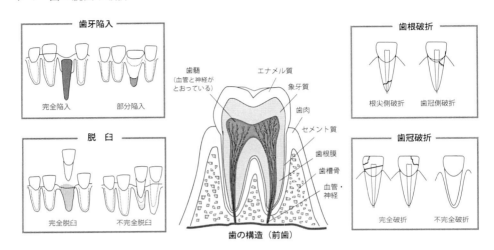

▶2　下顎骨骨折

　基本的にどの顔面骨折でも、内出血や顔面の腫れ、変形、痛みなどは認められるが、特徴的な症状として、下顎骨骨折では噛み合わせの異常・口を開けたり閉じたりするのが困難になります。下顎にはさまざまな筋肉があり、折れた骨が筋肉に引っ張られることによりさまざまな方向に向かうことにより噛み合わせがくるってきます。症状は、必ずしも力が加わった場所だけに出るわけではなく、顎を動かした時の痛み、噛み合わせが合わなくなります。受傷後すぐに症状に気づかず、数日してから噛み合わせがずれていることで気づくこともあります。

【引用文献】
・永井利三郎監修・荒木田美香子・池添志乃・石原昌江・津島ひろ江編著『初心者のためのフィジカルアセスメント―救急保健管理と保健指導』東山書房、2008
・日本口腔外科学会 HP（https://www.jsoms.or.jp/public/soudan/ago/kossetsu/）

首が痛い！

マット運動をしていて
首をひねり頸椎捻挫・損傷の疑い

　小学校3年生の女子（Uさん）。体育の授業でマット運動をしていました。Uさんは後転の時に、誤って斜めに転がり、マットから身体が外れてしまいました。
　体育の先生は、授業の開始と終了前に、必ず児童たちの体調とけがの有無を確認するようにしているので、今日も、授業終了後に首や手足をひねっていないか、捻挫による痛みや動かしにくさはないか、と一人一人に確認をしました。Uさんは、「首をひねりました。でも、痛くないです」と報告をしました。Uさんは、体育着から私服に着替え、次の授業の準備を始めました。その時、突然、首が痛みだしたので、学級担任の先生に伝え、冷湿布をもらいに保健室へ行くことにしました。

 事例から読み取れる情報を書き出してみましょう

- 小学校3年生の女子（Uさん）
- 体育着から私服に着替えている時に、突然、首の痛みを感じた、がUさんの主訴
- 体育の授業中にマット運動をしていた
- 後転の際に、誤って斜めに転がり、マットから身体が外れてしまった
- Uさんは、体育の授業終了時、体育科教諭に「首をひねったが、痛みはない」ことを報告した

 受傷機転や事例の主訴から想起できる主な外傷を書き出してみましょう

【受傷機転】
- 体育の授業中にマット運動をしていて、後転の練習時に首をひねった。更衣中に首が痛みだした

【緊急性や重症度の高い外傷】
- 脊髄損傷（頸髄損傷）[1]、脊椎損傷（頸椎損傷）[2]、頸椎椎間板ヘルニア、外傷性頸部症候群[3]、頸肩腕症候群[4]、椎間関節症候群など

【学校でよくみられる外傷】
- 頸椎捻挫、頸椎損傷、頭部打撲、寝違えなど

【この事例で考えられる外傷】
- 頸椎捻挫、頸椎損傷、寝違えなど

3 追加して知りたいことはどのような情報ですか？ 情報収集の視点と内容を書き出してみましょう

【情報収集の視点】
①一般状態
②受傷部の状態の詳細
③受傷部以外の状態の詳細（随伴症状、外傷など）
④受傷機転の詳細
⑤既往歴

【情報収集の内容】
〈問診〉
①受傷部の状態：痛みの部位と範囲、我慢できる痛みか、激しい痛みか、しびれ、頸部痛、項部痛
②受傷部以外の状態：
・頭痛、頸部の不安定感を伴った四肢の脱力感、末梢冷感、めまい、耳鳴り、吐き気、全身の倦怠感、脱力感、受傷部位以外の痛みはあるか（頭、腰背部、四肢、指先、足先など）
・バレ・リュー（Barre-Lieou）症候群[5]の有無（後頭部痛、めまい、耳鳴り、めまい、眼のかすみ、耳閉感、動悸、声のかすれ、吐き気、顔面の紅潮、全身の倦怠感、集中困難など）
③機能の状態：頸椎の可動域制限、自動運動は可能か、他動運動は可能か（四肢のしびれ、強い疼痛がある時は、二次的損傷を与えないように慎重に行わなければならない）
④受傷機転の詳細：何をしている時、どのような体勢でけがをしたか、スポーツの競技名、他にけがをした生徒はいないか、他者の介在、不自然な受傷機転の有無を本人、教員、生徒から聞く
⑤既往歴の有無：
・数日以内に頭部外傷、頸椎捻挫をしているか
・外傷性頸部症候群、脊椎損傷（頸椎損傷）、心因性疼痛、頭部打撲、頸椎椎間板ヘルニア、寝違えなど
〈視診〉
①顔色、顔貌、表情、問診時の受け応えの様子、眼（眼振、結膜充血、瞳孔経、眼位）
②胸隔の呼吸運動
③四肢冷感
④頸椎の可動域制限、四肢の運動麻痺、感覚麻痺
⑤頸部・項部・頭部の外傷、腫脹の有無
〈打診・触診〉
①頸部（圧痛、腫脹）
②疼痛のない周囲から触っていく（四肢のしびれ、強い疼痛がある時は、二次的損傷を与えないように慎重に行わなければならない）
〈検査〉
バイタルサイン（意識、呼吸、脈拍、体温、血圧）

追加情報を確認して、次に進みましょう

〈追加情報〉U＝Uさん　養＝養護教諭

U：「体育の授業で後転をした時に、マットから外れてしまい、首をひねったが、受傷時は首の痛みはなかった」「更衣中、首が痛くなってきたので、冷湿布をもらいに保健室に来た」。

養：「他の症状は？」。

U：「……」「首の痛み以外はないし、元気です」。

養：「手指のしびれは？」。

U「言われてみれば、両手の指先がしびれている感じがする」「今まで首のけがや病気はしたことがない」。

養：意識清明。質問に応えられる。右の耳の下から右肩に向かっての首筋に痛み（＋）、我慢できる痛み。両手指の痺れ軽度（＋）、手指麻痺（－）、四肢の運動麻痺（－）、手指の冷感（＋）、バレ・リュー症候群（－）、受傷部以外の痛み（－）。

顔面蒼白・紅潮（－）、頭痛（－）、頭頸部の外傷（－）、胸隔の呼吸運動良好。

頸部の可動域、頸部の圧痛は、頸部の安静を保つ必要があると考え、実施しなかった。

既往歴（－）、数日以内の頭部外傷（－）、頸椎捻挫（－）。

T＝36.7℃、P＝85回／分、R＝20回／分、BP＝110／70mmHg。

 Uさんの状態をアセスメントしましょう

> 【緊急性や重症度が高い場合】
>
> （1）首をひねった時、緊急性が高い場合
>
> 　　意識障害、呼吸障害、四肢の麻痺、強い疼痛がある場合は、緊急性が高いと判断され、直ちに救急車を要請し、心肺蘇生法が必要になる。Uさんの症状は、軽度の頸部痛、両手指のしびれのため、緊急性は低いと考えられる。
>
> （2）首をひねった時、重症度が高い場合
>
> 　　Uさんは、首をひねり、軽度の頸部痛と両手指のしびれを訴えている。そのため、頸椎捻挫、頸椎損傷が疑われ、重症度が高いと判断できる。現在の頸部痛は軽度であるが、今後、痛みの増強や機能障害、二次的障害へと発展することも考えられる。そのため、速やかに医療機関に受診し、専門医の指示を受けることが必要である。

CASE⑤　首が痛い！　～マット運動をしていて首をひねり頸椎捻挫・損傷の疑い～

アセスメントをもとに何を行うのか書き出しましょう

(1) 首に負担をかけないように安静にする。意識があり、自分で動けるような状態であっても、合併症の出現や二次的障害へと発展する危険性があるため、安易に首を動かさず、安静を保つことが大切である。
(2) 頸部の痛みに対しては、保冷剤や氷を用いて患部を冷やす。
(3) 神経症状や痛みの程度の変化、その他症状の有無について定期的に確認を行う。
(4) 受傷直後の痛みは軽度であっても、時間の経過と共に痛みが強くなったり、治癒が遅れたりする場合があるため、痛みが軽度であっても放置せずに、早めに医療機関に受診する。
(5) 保護者に連絡をして、身体の状態および受傷機転、今後の見通しや対応について説明をし、医療機関の受診を勧める。
(6) 保護者の来校が遅くなるようならば、先に病院に連れて行き、病院で待ち合わせをすることも必要である。

 この事例からの学び（考え方の解説）

　頸椎捻挫は、脊髄や神経に強い損傷を受けて、意識障害や呼吸障害を起こす場合もあります。その時は早急な心肺蘇生法の実施と同時に救急車の要請が必要となります。心肺蘇生法の際に注意したいのは、頸部に強い損傷を受けているので、損傷部位に負担がかからないように人工呼吸などの応急処置を行うことです。

　一方、受傷直後は症状がなく、数日から数ヵ月にかけて頸部の痛みや違和感を感じ始めるケースもあります。このように受傷直後に症状がない場合は、頸椎捻挫を見逃し、後日症状が出現した時には、原因不明の疼痛と診断されることがあります。また、頸椎捻挫や頸椎損傷を放置したままでいると症状が慢性化するおそれがあるため、少しでも首に違和感を感じる場合は、医療機関の受診を勧め、早期発見、後遺症の予防につとめることが重要です。

　痛みの症状は、頸椎部にある神経を通じて頭、首、四肢に及ぶ場合もあります。頸椎捻挫の症状の1つである手指のしびれ感や違和感は、児童生徒にとって自分自身で気づきにくかったり、頸部の捻挫とつながらず訴えそびれたりすることが考えられます。そのため、「首をひねった」と訴えて保健室に来室した時は、安易に保冷剤や冷湿布による応急処置で終わらせるのではなく、本事例のように、痛みが軽いと訴えても必ず手指の違和感やしびれの有無についての問診を行う必要があります。手指の違和感やしびれがある場合は、外傷性頸椎損傷のおそれがあるので、首を安易に動かしたりせずに、安静を保持しながら、脳神経外科、整形外科への受診が必要となります。頸椎損傷の状況によっては、即入院、絶対安静が必要となる場合もあります。

▶1 脊髄損傷（頸髄損傷）
　脊椎の脱臼や骨折により脊髄が圧迫されることによって、完全麻痺または不全麻痺が起こることを脊髄損傷といい、損傷された脊髄から遠位の運動・知覚の障害がでます。

▶2 脊椎損傷（頸椎損傷）
　脊椎に過大な外力が加わり、脱臼や骨折を生じる外傷を脊椎損傷といい、脊椎損傷の中で頸椎の損傷を頸椎損傷と呼びます。

▶3 外傷性頸部症候群
　交通事故などによる頸部の受傷後、X線検査での骨折や脱臼は認められませんが、長期間にわたって頸部痛、肩こり、頭痛、めまい、手のしびれなどの症状がでるものを外傷性頸部症候群といいます。

▶4 頸肩腕症候群
　頸部から肩、上肢にかけて何らかの症状を示す疾患群を総称して頸肩腕症候群といいます。広義では検査で原因が明らかになった変形性頸椎症などを含み、狭義では同様の症状を示しながらはっきりとした原因疾患を認めることができない場合に頸肩腕症候群と診断がつけられます。頸肩腕症候群は、コンピュータ使用者や流れ作業従事者など、上肢の過使用者に同様の症状を認めたり、心因的な要因によって症状が現れたりする症例もあります。

▶5 バレ・リュー（Barre-Lieou）症候群
　1926〜1928年にフランスのバレーとルーによって報告された症候群であり、交通事故などの受傷により、頸部の交感神経の刺激に伴い、頭痛、めまい、耳鳴りなどの症状が現れると考えられている。

【引用文献】
・公益社団法人 日本整形外科学会「外傷性頸部症候群」（https://www.joa.or.jp/public/sick/condition/whiplash_injury.html）2017.10.31 アクセス
・公益社団法人 日本整形外科学会「脊髄損傷」（https://www.joa.or.jp/public/sick/condition/spinal_cord_injury.html）2017.10.31 アクセス
・南山堂『医学大辞典 第19版』2006

CASE 6 胸を打った！痛い！

ボールが胸にあたり胸部打撲の疑い

中学校2年生の男子（V君）。放課後の部活動中、グラウンドのフィールド内で、陸上部がストレッチを行っていた際に、野球部がノックしたボールが陸上部のV君の胸部にあたりました。V君は胸を押さえながら付き添いの生徒と共に歩いて来室しました。付き添いの生徒の話によると、「ボールがあたった瞬間、一瞬、V君に呼吸困難のような症状があったが、直ぐに落ち着いた」とのことです。本人が言うには、「ボールがあたった瞬間、胸全体に痛みが走った」と言っています。動かさなければ痛まないとのことでした。

 事例から読み取れる情報を書き出してみましょう

- 中学校2年生の男子（V君）
- 呼吸困難と胸の痛みが主訴
- 野球のボールが飛んできて胸部にあたった
- ボールがあたった瞬間、一瞬、呼吸困難のような症状があった
- ボールがあたった瞬間、胸全体に痛みが走った
- 動かさなければ痛まない
- 付き添いと共に歩いて来室した

 受傷機転や事例の主訴から想起できる主な外傷を書き出してみましょう

【受傷機転】
- ノックしたボールが陸上部のV君の胸部にあたる
- 胸を押さえている

【緊急性や重症度の高い外傷】
- 肋骨完全骨折による肺の損傷、心挫傷、胸壁血管損傷、内胸動静脈損傷、肋間動静脈損傷[1]、気胸[2]（＊内科編 CASE ⑨参照）、血胸、心臓振盪[3]

【学校でよくみられる外傷】
- 肋骨完全骨折、肋骨亀裂骨折[4]、胸部打撲など

【この事例で考えられる外傷】
- 肋骨完全骨折、肋骨亀裂骨折　胸部打撲など

 追加して知りたいことはどのような情報ですか？ 情報収集の視点と内容を書き出してみましょう

【情報収集の視点】
①一般状態
②受傷部の状態の詳細

③受傷部以外の状態の詳細
　　④受傷機転の詳細
【情報収集の内容】
〈問診〉
　①受傷部の状態：
　　・どこが、どのように、どんなか、その度合い、疼痛の程度（我慢できない、激しい痛みが続く、呼吸に伴い痛みが増す（深呼吸をさせてみる）、同じ場所に一定の痛みがあるか今まで経験した痛みか、上半身をねじると痛むか）
　　・腫脹の有無、内出血の有無、変形の有無
　②機能の状態：上半身を動かせるか、手を挙げることができるか、どの姿勢がつらいか
　③受傷部以外の状態：呼吸困難、不整脈
　④受傷機転の詳細：いつ、誰と何をしていて、どうなって、どうなったか、他にけがをした生徒はいないか、他者の介在、不自然な受傷機転の有無を本人、教員、生徒から聞く
〈視診〉
　顔色、表情、受傷部の箇所数と範囲、出血、皮膚の色、皮下出血、腫脹、姿勢、痛む部位の段差、発汗の有無
〈触診〉
　痛みの程度、痺れ、可動域、上肢の動き、痛む部位の圧痛、軽く圧迫した際の軋轢音（あつれき）
〈聴診〉
　呼吸音（左右差、副音）
〈検査〉
　バイタルサイン（意識、体温、脈、呼吸、血圧）

外科編

4　追加情報を確認して、次に進みましょう

〈追加情報〉V＝V君　養＝養護教諭

V：ボールがぶつかった時は一瞬、息が止まりそうな強い痛みだったが、今は、そんなに痛いという感じがしない、深呼吸をすると少し右胸に痛みがあるが、強い痛みではない。でも、今までに経験したことがない痛み、息を吸ったり吐いたりすると何となく少し違和感はある。ボールがあたった以外、他の場所で痛む箇所はない。吐き気がしたり、気分が悪いようなことはない。

養：意識清明。質問には応えられる。顔色不良（－）。右胸部圧痛と打診痛（＋）。今までに経験のない痛みである。発汗（－）、痛む部位の段差（＋）、皮下出血（－）、深呼吸はほぼできるが違和感と痛みがあり十分にはできない。呼吸音の左右差（－）、雑音（－）、呼吸困難（－）、不整脈（－）。

　上半身は動かせる。手の拳上はできる。胸を反らせることはできない。前屈みの姿勢が

CASE⑥　胸を打った！痛い！　～ボールが胸にあたり胸部打撲の疑い～　　137

楽だと言う。

V君の状態をアセスメントしましょう

【緊急性や重症度が高い場合】

　ボールが胸にあたった際、強い胸の痛みがある場合は、肋骨骨折だけでなく、骨が肺に突き刺さるなど、内臓損傷の可能性についてもアセスメントする必要がある。

　その場合には、緊急性が高くなる。皮下出血の度合いによってはしびれが出てくる場合があるため注意する。外見には異常がなくても、骨折した骨の一部が胸膜や、横隔膜に突き刺さり、肺等を傷つけたりすると、胸痛や呼吸困難などを起こし危険な状態になる。胸部を強打すると肺の表面に傷がつきやすく、肺から空気が漏れ、胸に流れ肺が潰れた状態（圧排される）になるのが気胸である。内出血した血液が溜まれば血胸である。また、外傷によって肋骨が複数箇所で折れ、またその部位が他の胸壁と骨の連続性を失った場合いわゆるフレイルチェストを起こす。そのため、正常の呼吸運動とは逆の吸気時に陥没、呼気時に膨隆するという状態になる。

　フレイルチェストは、胸部の外傷では最も重篤な胸壁損傷状態で、激しい呼吸不全を起こし死に至る場合がある。V君の場合は、皮下出血と共にしびれが出ていない。胸痛や呼吸困難などを起こしていない。フレイルチェストがみられない。痛みがあるものの深呼吸もできているため呼吸器の損傷までには至らないと考えられるが、骨折の可能性は否定できない。

【緊急度や重症度が高くない場合】

・V君は１人での歩行が可能で、意識レベルは正常である。
・深呼吸の際に痛みを感じるが呼吸運動の際の呼気時には痛みがない。
・呼吸困難はないことから肋骨骨折、打撲の可能性を考える。

アセスメントをもとに何を行うのか書き出しましょう

（1）本人が楽な姿勢をとらせる。
（2）胸の痛みは、不安を増大させるため、心の安定を図る。
（3）肋骨や胸骨の骨折では、呼吸運動に伴って胸痛が強まる可能性があるため、受傷部にタオルや手を軽くあて、圧迫することで痛みを軽減することができる。
（4）受傷部位の内出血が強く、フレイルチェストがみられた場合は、胸腔内損傷を合併している可能性が高くなるため、管理職、担任、部活顧問（陸上部、野球部の両顧問）、保護者へ連絡、救急車を要請し病院へ搬送して、医師の診察を受ける必要がある。

この事例からの学び（考え方の解説）

　肋骨自体は非常に折れやすい骨であるため、咳でもヒビが入ってしまうことがあります（肋骨亀裂骨折）。内出血によってショックの原因となり血胸が起こります。意識のレベルや呼吸レベルが低下する可能性もあるので、痛みが強くなくても慎重に判断しなくてはなりません。

　そのため、ボールが胸にあたって痛みを訴えた場合は、ボールの硬さやスピードによってはかなり強い圧力がかかっている可能性があります。本事例の場合は、野球のボールであることや、本人があたった瞬間息が止まりそうだったと表現しているため、この可能性があると考えます。まずは、けがが起きた状況を本人だけでなく、近くで目撃していた生徒がいるようであればそこから情報収集する必要があります。本事例の場合は、付き添いの生徒が事故の瞬間を目撃しているため、この付き添いの生徒からも情報収集を行います。同時に、緊急性の判断を行います。呼吸の状態（呼吸困難の有無）や姿勢から、痛みの状態を観察します。視診によって、ぶつかった部分の皮下出血の有無や顔色、触診によって軽く痛む個所に触れ、段差の有無の確認を行います。骨折している可能性が高い場合、打撲部位に、疼痛、圧痛、腫脹が表れ、その部位を圧迫した際に軋轢音がすることがあります。

　また、深呼吸をさせた時に痛むようであれば、胸部打撲、亀裂骨折など軽度であることが推測されますが、呼吸運動に伴い疼痛が強くなっていく場合は、注意が必要です。痛みが強い場合は、胸が動かないような姿勢をとるので、その状態から痛みの程度を判断することもできます。特に発達障害を持つ子どもの場合、感覚の鈍麻によって痛がらない場合もあります。視診、触診、付き添いの生徒からの事故状況によって、肋骨骨折が疑われた場合はすぐに医療機関に受診することが大切です。骨折の有無だけでなく内臓が傷ついていないか、確認が必要です。

　骨折によって、骨が肺や横隔膜に突き刺さり、内臓を損傷する可能性や肋骨動脈を損傷する可能性があります。外見上には異常がなくても、肺を傷つけたりすると、胸痛や呼吸困難などを起こします。また胸部を強打すると肺や気管支損傷によって、肺から空気が漏れ、胸に流れ肺が潰れた状態（圧排される）になる気胸が起こります。

　軽度の亀裂は、すぐに痛みがなくなり２週間程度で症状が緩和していきます。しかし、痛みが引いてもしばらくは安静が必要であるため、学級担任、部活顧問、保護者と連携を取りながら、学校生活での安全確保が必要です。

　校内の危機管理体制にも多くの課題があります。野球部と陸上部の練習場所、練習時間など、事故防止のために再検討する必要があります。本事例の場合、このような事故の発生は十分に予測されます。養護教諭の視点から、意見を述べ、校内体制で改善策を考えてもらう必要があります。事故後、すぐに事故の状況を記録します。事故現場、ボールが飛

んできた方向など、事故が起きた際のグラウンドの状況を詳細に（絵を書くなどして）記録することが大切です。次の日から改善してもらえるように管理職にすぐに報告しましょう。迅速に対応することが大切です。

　胸にボールがあたった場合、心臓振盪を起こす場合があります。心臓振盪とは、前胸部に強い衝撃があった場合に心室細動が引き起こされる状態です。本事例の場合は本人が歩いて保健室に来室したため、心臓振盪の可能性はほぼないと考えますが、今回の事故の状況から、十分に起きる可能性があるため、事故防止が必要です。心室細動は先天的な心臓の疾患で起こるのではなく、外からの衝撃が加わることによって起きます。スポーツ中の突然死の原因としては、肥大型心筋症の次に多いことが報告されています。1つの事故から、さまざまな可能性を推測し、事故防止のための改善策を講じることが大切です。

▶1　肋間動静脈損傷
　　肋間動静脈を損傷した状態をいいます。

▶2　気胸
　　肺に穴があき、空気が漏れ胸腔（胸の中）に空気がたまっている状態をいいます。

▶3　心臓振盪
　　胸部に衝撃が加わったことにより、心室細動という不整脈が起こり突然死が誘発され心臓が停止してしまう状態をいいます。

▶4　肋骨亀裂骨折
　　完全に骨折していないが、骨にひび（亀裂）が入っている状態をいいます。

【引用・参考文献】
・山本保博・黒川顯監訳、横田裕行・大友康裕翻訳主幹『アトラス応急処置マニュアル原書第9版』南山堂、2012、p.150
・一般社団法人日本外傷学会監修、日本外傷学会外傷専門診療ガイドライン編集委員会編『外傷専門診療ガイドライン』へるす出版、2017、pp.61-67
・Barry J. Maron, "Sudden death in young athletes," *The New England Journal of Medicine* 349：2003, 1061-1067（B）

CASE 7 お腹を打った！痛い！

バスケットボールの試合で人とぶつかり内臓損傷の疑い

中学校3年生の男子（X君）。放課後、X君はお腹を押さえながら「お腹が痛くて少し気持ち悪いので休ませてほしい」と言って自分で歩いて保健室に来室しました。本人は1年生の時も同じような状況で腹部を打撲した経験があり、少し休んでいれば治ると言っていました。部活動中、バスケットボールの試合で、激しくボールの取り合いとなった際に、相手チームの男子生徒の肘がX君のみぞおちのあたりにぶつかったようです。一瞬、息ができなくなるような感じがしたので、コートの外に出て、5分くらい痛みが治まるまで座っていたそうです。しかし、痛みが治まらないので一応保健室に来たのでした。

 1　事例から読み取れる情報を書き出してみましょう

- 中学校3年生の男子（X君）
- 腹痛、嘔気が主訴
- 相手チームの男子生徒の肘がX君のみぞおちのあたりにぶつかった
- 一瞬、息ができなくなるような感じ
- 受傷後、5分くらい痛みが治まるまで座っていたが治まらない
- 自分で歩いて保健室に来室した
- お腹を押さえながら、気持ちが悪いので、休ませてほしいと来室
- 1年生の時も同じような状況で腹部を打撲していたので、休んでいれば治ると本人は言う

 2　受傷機転や事例の主訴から想起できる主な外傷を書き出してみましょう

【受傷機転】
- バスケットボールの試合中、相手チームの男子生徒の肘がX君のみぞおちのあたりにぶつかった
- お腹を押さえながら来室

【緊急性や重症度の高い外傷】
- 内臓損傷（肝臓損傷、脾臓損傷）

【学校でよくみられる外傷】
- 腹部打撲など

【この事例で考えられる外傷】
- 内臓損傷、腹部打撲など

追加して知りたいことはどのような情報ですか？ 情報収集の視点と内容を書き出してみましょう

【情報収集の視点】
①一般状態
②受傷部の状態の詳細
③受傷部以外の状態の詳細
④受傷機転の詳細

【情報収集の内容】

〈急性期症状〉
意識障害、異常姿勢、腹筋刺激症状、ショック症状（頻脈・微弱、呼吸の浅表・不規則）、血圧低下、目がうつろ、顔面蒼白、冷汗、話せない、手足の冷感、嘔吐

〈問診〉
①受傷部の状態：どこが、どのように、どんなか、その度合い、初めて経験する痛みか、痛みは軽減する場合とひどくなる場合があるか、鋭いか鈍いか、どの位（疼痛の程度）、我慢できない、我慢できる程度、内出血の有無
②機能の状態：上半身を動かせるか、真っ直ぐに立てるか、どの姿勢がつらいか
③受傷部以外の状態：嘔気について詳細を尋ねる。どのような気持ち悪さか、吐きそうなのか、これまでに経験したことのないような不快感なのか、血尿はないか
④受傷機転の詳細：いつ、誰と何をしていて、どうなって、どうなったか、他にけがをした生徒はいないか、他者の介在不自然な受傷機転の有無はあったかを本人、教員、他の生徒から聞く

〈視診〉
顔色・顔貌、表情、受傷部位の箇所と範囲、出血、腹部の発赤や腫脹の有無、打撲痕の有無、姿勢、歩行、苦悶様

〈触診〉
腹部の触診（腹部の膨隆、痛む部位の圧痛（＊内科編CASE③▶3参照）、頻脈

〈検査〉
①バイタルサイン（意識、体温、脈拍、呼吸、血圧）
②腹膜刺激症状の有無（＊内科編CASE③▶4参照）

 追加情報を確認して、次に進みましょう

〈追加情報〉X＝X君　養＝養護教諭

X：1年の時も同じような状態で部活中に腹部を強打した。その時と全く同じような状態。しかし、休んでいたが痛みが治まらないので保健室に来た。

養：意識清明。質問に応えられるが話すことは苦痛な様子。顔色不良（＋）、苦痛様表情

（ｷ）、嘔気（+）、腹痛（ｷ）、圧痛と打診痛（ｷ）。
T = 37.3℃、P = 78回／分、R = 20回／分、BP = 85／52mmHg。

 X君の状態をアセスメントしましょう

【緊急性や重症度が高い場合】
　本事例の場合は、みぞおちが受傷部位であるため、内臓の損傷を疑う必要がある。筋性防御があればかなり高い確率で、内臓に何らかの損傷、炎症が起きていることが疑われる。短時間に、頻脈・微弱、呼吸の浅表・不規則、血圧低下、目がうつろ、顔面蒼白、冷汗、話せない、手足の冷感、嘔吐を繰り返すなどのショック症状が起こってきた場合は要注意であり、内臓損傷による出血の可能性がある。

 アセスメントをもとに何を行うのか書き出しましょう

（1）まず、吐き気がする場合は仰臥位にするなど楽な姿勢を確保し、その際に誤飲しないような姿勢にして診療台に寝かせる。
（2）症状から起こっている可能性を説明し、医療機関受診の必要性について説明。
（3）意識障害、異常姿勢、腹筋刺激症状、ショック症状（頻脈・微弱、呼吸の浅表・不規則、血圧低下、目がうつろ、顔面蒼白、冷汗、話せない、手足の冷感、麻痺、嘔吐などの症状）がみられた場合は内臓損傷が疑われるため、管理職、担任に報告し、保護者に連絡の上、救急車を要請する。

 この事例からの学び（考え方の解説）

　腹部を打った痛みの訴えで来室してきた場合、真っ先に考えることは、緊急性が高いかの判断です。けがの部位から、最も緊急性が高いものとして内臓損傷の可能性の有無をアセスメントします。

　本事例の場合は、みぞおちが受傷部位であるため、内臓（肝臓）の損傷を疑う必要があります。内臓損傷を疑う手がかりとしては、筋性防御があればかなり高い確率で、内臓に何らかの損傷、炎症が起きていることが疑われます。意識障害、異常姿勢、ショック症状（頻脈・微弱、呼吸の浅表・不規則、血圧低下、目がうつろ、顔面蒼白、冷汗、話せない、手足の冷感、嘔吐）がある。受傷直後から激しい腹痛が起こり、顔色が青白くなって、脈が弱く、速く、腹部がふくらんできた時、大出血が起こっている可能性が高くなります。他の症状としては、吐き気がしたり、嘔吐を繰り返したり、麻痺が生じたりする場合はすぐに救急車を要

CASE ⑦　お腹を打った！痛い！〜バスケットボールの試合で人とぶつかり内臓損傷の疑い〜

請する必要があります。

　腹部に強い衝撃を受けた場合には、出血や内出血などが外見から観察できなくても内臓が損傷していることがあります。内臓が出血している場合には、気づきにくいため、出血量が多くなってしまいます。

　外傷を受けた場合、事故直後は比較的に意識がしっかりしており、普通に会話ができたりします。しかし、外傷を受けた直後に意識がしっかりしていたとしても、次第に意識状態が悪くなることがあります。大量の外出血がある場合や、肝臓破裂などで眼に見えない内出血が大量にある場合は、突然、顔面が蒼白となり、冷や汗をかき、脈が速くなり、血圧が低下するという「ショック症状」を示し、意識が混濁します。

　腹部の打撲は、本事例のように、1人で来室できるなど、症状が軽症なこともあります。しかし、ただの打撲だと思っていたのが、急激に症状が変化することがあります。腹部を打撲した場合は、必ず内臓損傷を疑い、アセスメントすることが大切です。また、教室に帰してから少しずつ症状が表れる場合もありますので、大丈夫であると判断しても、保健室で、1時間は様子を観察しましょう。

　特に肝臓損傷では症状が表れにくいため、外傷機転や、右側の胸のあたりから側腹部にかけての打撲部位の痕がある場合は、肝臓損傷を疑うことが重要です。肝臓は動脈と門脈による二重血流支配を受け腹部最大臓器でもあり血流量が豊富です。臓器の容量が大きいため、外圧によって損傷を受けやすい臓器です。損傷の程度によってショック症状を起こしやすい臓器です。また、本事例ではありませんが、学校では、背部を強打したことによる腎臓損傷もよく発生します。

　小学生、特に低学年の場合、または障害特性により、けがの状況説明や表現が乏しい場合もあるため、すぐに、全身を観察し、服が汚れている箇所を確認しけがの部位を特定します。例として、特に背中の一箇所の汚れが目立つ場合、その箇所を強打した可能性があるため、腰椎損傷と腎臓損傷を視野に入れることが大切です。

【引用文献】
・日本救急医学会『最新図解　救命・応急手当の手引き』小学館、2012、p.69
・日本外傷学会監修、日本外傷学会外傷専門診療ガイドライン編集委員会編『外傷専門診療ガイドライン』へるす出版、2017、pp.81-67

CASE 8 腰を打った！立てない！

サッカーで転倒し
腰部打撲・骨折の疑い

中学校2年生の男子（W君）。2時間目の体育の授業でサッカーをしていたところ、友達とぶつかりW君は地面に転倒しました。すぐには立ち上がれず、転倒したまま動けずにいました。養護教諭が呼ばれて運動場に行ってみると、W君は苦痛様な表情をして、右側臥位で腰に手をあて動けないでいました。

 1 事例から読み取れる情報を書き出してみましょう

- 中学校2年生の男子（W君）
- 地面に転倒後右腰に手をあてたまま動けないが主訴
- 苦痛様な表情
- 体育でサッカーをしている時に友達とぶつかり転倒

 2 受傷機転や事例の主訴から想起できる主な外傷を書き出してみましょう

【受傷機転】
- 体育の授業でサッカーをしていてぶつかり転倒
- 右側臥位の姿勢で腰に手をあてている
- 苦痛様な表情

【緊急性や重症度の高い外傷】
- 腰・背部の骨折、骨盤骨折、腰椎圧迫骨折、腰椎椎間板ヘルニア、腰椎分離症、腎臓損傷、腹部内の炎症性疾患、尿路結石

【学校でよくみられる外傷】
- 打撲、打ち身、捻挫

【この事例で考えられる外傷】
- 打撲、打ち身、腰部の骨折

 3 追加して知りたいことはどのような情報ですか？　情報収集の視点と内容を書き出してみましょう

【情報収集の視点】
① 一般状態
② 受傷部の状態の詳細
③ 受傷部以外の状態の詳細
④ 受傷機転の詳細

【情報収集の内容】

〈問診〉

①受傷部の状態：どこが、どのように、どんなか、受傷部の発熱の有無、冷感の有無、腫脹の有無、腰から足先の痺れの有無、麻痺の有無

②機能の状態：足は動かせるか、立てるか、歩けるか、どの姿勢がつらいか

③受傷部以外の状態：吐気や眩暈、腹痛、頭痛、血尿の有無

④受傷機転の詳細：いつ、誰と何をしていて、どうなって、どうなったか、他にけがをした生徒はいないか、他者の介在、不自然な受傷機転の有無を本人、教員、他の生徒から聞く

〈視診〉

顔色、表情、受傷部位の箇所と範囲、出血、皮膚の色、腫脹、変形、血尿

〈触診〉

痛みの程度、熱感、冷感、痺れ、麻痺、可動域、四肢・首の動き、筋力低下の有無、体位変換が自力でできるか、腎臓部の痛みの有無

〈検査〉

①バイタルサイン（意識、体温、脈拍、呼吸、血圧）

②介達痛の有無（＊外科編 CASE ③▶1 参照）

③ SLR テスト▶1

♥4 追加情報を確認して、次に進みましょう

〈追加情報〉W ＝ W君　養＝養護教諭

W：「腰が痛い（腰に手をあてるしぐさ）。サッカーをしていて、K君とぶつかって、よろけて、転んで、右腰を打った。痛くて、動けない。足は動くし、触られているのはわかるが、足を少し動かすと腰にひびく」。

養：意識清明。質問に応えられる。右腰部に痛み（＋）、眉間にしわを寄せた表情。汗をかき、顔面紅潮。右腰部熱感（＋）、冷感（－）、腫脹（＋）、発赤（＋）、出血（－）、足の痺れや麻痺（－）、足を動かすと右腰部の痛みはあるが足を動かせる介達痛（－）。可動域の確認できず。SLR テスト測定不可。筋力低下の確認できず。手、首は動く。体位変換困難。右側臥位が安楽。立位、歩行困難。右腰部以外の外傷（－）、腎臓部の痛み（－）、血尿（？）、吐き気（－）、腹痛（－）、頭痛（－）。

W君がゴール前でヘディングをした際に別の生徒（K君）とぶつかって2人ともバランスを崩し、K君はW君の肩を押すような形で着地した（K君はけが（－））。押されたW君は地面に転倒。転倒したまま動けずにいる。

T ＝ 36.5°、P ＝ 80 回／分、R ＝ 25 回／分、BP ＝ 120 ／ 60mmHg。

W君の状態をアセスメントしましょう

【緊急性や重症度が高い場合】
①痛みが腰に限局しているため背骨の骨折、骨盤骨折の可能性は低い。
②腰椎圧迫骨折、腰椎椎間板ヘルニアの可能性は否定できない。
③腎臓損傷、腹部内の炎症性疾患、尿路結石は排尿がなく判断できない。

【緊急性や重症度が高くない場合】
①痛みが強いながらも足を動かすことはできる。痺れや麻痺、介達痛はないことから腰部の打撲・打ち身の可能性が高い。しかし、時間が経過していても痛みが強く、熱感があり、動かすことが困難な場合は、腰椎圧迫骨折、腰椎椎間板ヘルニアを疑う。
②安楽に安全に移動する方法を選択し、安静を図る必要がある。
③安静と苦痛の軽減を図るための処置と体位の確保を行い痛みの度合いと可動域の変化を観察する。

外科編

 アセスメントをもとに何を行うのか書き出しましょう

(1) 体育館にいる教員への協力要請をして、担架を持ってきてもらう。
(2) 教員、生徒6人ぐらいの協力を得てW君の楽な姿勢で担架にのせ、保健室に移動。
(3) 処置台（ベッド）にW君の楽な姿勢（基本的には左側臥位か仰臥位）で寝かせる。
(4) 腰部に腫脹、熱感、発赤が見られるため、受傷部を冷やし、受傷部の上下を覆う長さの副木を両方の腰部にあて三角布で固定をする。
(5) K君が故意的に肩を押したわけではないこと、K君にはけが等がないかを確認する。
(6) 家族に連絡をし、身体の状態と受傷機転と今後のことについて説明をする。
(7) 30分程度様子を見て、痛みが強まる、動けない等の状態が持続する場合は救急車を要請し病院に受診する。

この事例からの学び（考え方の解説）

腰部の外傷では、神経の損傷や骨折による下半身の神経麻痺、運動機能の低下や腎臓等の内臓損傷が生じた場合、その後に大きく影響するため、まず、その疑いがないかどうかをみましょう。

しかし、実際には、追加して知りたい情報の全てが得られることはなく、〈追加情報〉に記載しているように、確認できない事（痛みが強くて測定できない可動域、SLRテストや血尿）があります。その場合、得られた情報の中から、緊急性、重症度の度合いを判断し

CASE ⑧ 腰を打った！立てない！〜サッカーで転倒し腰部打撲・骨折の疑い〜

ましょう。

　緊急性や重症度が高くないと判断した時には、何が起きているのかを考え、状態の苦痛を軽減するためにはどうしたらよいのかを判断し、応急処置をして、観察を続けましょう。

　また、外傷の場合、「いつ」、「誰と」、「何をしていて」、「どうなったか」という情報が後に重要となります。特に他者の介在の有無はきちんと確認をしましょう。

　本事例の場合では、「体育の授業中で、故意的に押したわけではない」ということをきちんと確認した上で、受傷部位への応急処置、家族への連絡、引き続きの状況観察、病院搬送の有無の判断という手順で対応するとよいでしょう。外傷の状態や状況によって、養護教諭1人で対応することは困難な場合があります。近くにいる生徒や教員の協力を仰ぎ、迅速、安全、安楽な搬送、応急処置をしましょう。

　家族への連絡は、電話を受けた家族の不安を駆り立てないために、早めに一報をしておきましょう。きちんと状況を説明すること、現段階の状態がどうであるか、今後の見通し、学校から受診になる可能性がある場合はそのことも先に知らせておき、家族が学校か病院に来る準備ができるようにする配慮ができるとよいでしょう。

　けんかや故意的な状況で相手が存在する場合には、外傷の対応のみならず、担任に報告をし、担任から改めて双方の生徒に事情を聞き、管理者や両方の保護者に連絡をすることがあります。その時に、養護教諭が見聞きした情報や受傷部の状態報告は大事な事柄となります。問題を解決する上で重要な情報であることを念頭においておきましょう。

用語の解説

▶ 1　SLRテスト

　坐骨神経の伸展試験。一方の手で子どもの踵を支え、もう一方の手で膝が曲がらないように膝関節において、膝関節を伸展したままゆっくりあげていきます。

　屈曲角度が35〜70°の範囲で大腿部後面に痛みが出現したら（＋）、椎間板ヘルニアの可能性が高くなります。反対側も行い、比較します。若い年代では椎間板ヘルニアで（＋）となる事が多いです。

【引用文献】
・永井利三郎監修、荒木田美香子・池添志乃・石原昌江・津島ひろ江編著『初心者のためのフィジカルアセスメント』
　東山書房、2013

CASE 9 足首が痛くて歩けない！

ひねった足首の捻挫・骨折の疑い

> 小学校2年生の女子（Yさん）。午前中に校外学習「春をさがそう」で公園（学校から1kmの所）に行きました。草花を摘み、小走りで移動していた時に、足首をひねり転倒しました。その後、足首に痛みを感じながらも活動を続行し、学校に戻る帰路の途中までは歩けていたのですが、徐々に痛みが強くなり、学校に着く手前でしゃがみ込んで足首を押さえて泣き出してしまったので、担任の先生がおぶって保健室へ連れてきました。

 1　事例から読み取れる情報を書き出してみましょう

- 小学校2年生の女子（Yさん）
- 足首の痛みが主訴
- 校外学習中に足首をひねった
- 負傷後、1km程度の歩行はできた
- 徐々に痛みが増し足首を押さえ、泣く

 2　受傷機転や事例の主訴から想起できる主な外傷を書き出してみましょう

【受傷機転】
- 校外学習で足首をひねる
- 直後、歩行ができたが徐々に痛みが増す

【緊急性や重症度の高い外傷】
- 足首の骨折・アキレス腱の断裂・靭帯損傷・肉離れ

【学校でよくみられる外傷】
- 捻挫・打撲・肉離れ

【この事例で考えられる外傷】
- 足首の骨折・捻挫

 3　追加して知りたいことはどのような情報ですか？　情報収集の視点と内容を書き出してみましょう

【情報収集の視点】
①一般状態
②受傷部の状態の詳細
③受傷部以外の状態の詳細
④受傷機転の詳細

【情報収集の内容】

〈問診〉
　①受傷部の状態：どこが、どのように、どんなか、その程度、受傷部の熱感の有無、冷感
　　　　　　　　　の有無、痺れの有無、麻痺の有無
　②機能の状態：足は動かせるか、立てるか、どの姿勢がつらいか
　③受傷部以外の状態：吐気や眩暈
　④受傷機転の詳細：いつ、誰と何をしていて、どうなって、どうなったか、他にけがをし
　　　　　　　　　　た生徒はいないか、他者の介在、不自然な受傷機転の有無を本人、教
　　　　　　　　　　員、他の生徒から聞く

〈視診〉
　顔色、表情、受傷部位の箇所と範囲、出血、皮膚の色、腫脹、変形

〈触診〉
　痛みの程度、熱感、冷感、痺れ、麻痺、筋力低下の有無

〈検査〉
　①バイタルサイン（意識、体温、脈拍、呼吸、血圧）
　②介達痛の有無（＊外科編 CASE ③ ▶1 参照）
　③可動域（内転、外転、回旋）
　④足の底をついて立位できるか

4 追加情報を確認して、次に進みましょう

〈追加情報〉 Y ＝ Y さん　　養＝養護教諭

Y：足首が痛い。動かすと痛いから動かせない。触られているのはわかる。びりびりはし
　ていない。小走りをしていた時、近くに友達はいなかった。足がぐらっとなって１人で
　転んだ。

養：意識清明。質問に応えられる。足を触ろうとすると泣き出す。質問には答えられる。
　顔色不良（－）。疼痛部は足首。足の痺れ（－）、麻痺（－）、外踝部軽度の腫脹（＋）、
　熱感軽度（＋）、発赤軽度（＋）、出血（－）。痛がったため可動域の確認できず。足首
　動かせない。
　筋力低下軽度（＋）、吐き気（－）、受傷部は足首のみ。
　介達痛の検査未測定。他者の介在（－）、不自然な受傷機転（－）。
　T ＝ 36.5°C、P ＝ 80 回／分、R ＝ 20 回／分、BP ＝ 110 ／ 60mmHg。

Yさんの状態をアセスメントしましょう

【緊急性や重症度が高い場合】
①受傷後、1km程の歩行はしていたことからアキレス腱の断裂は考えにくい。
②介達痛の有無がわからず、徐々に痛みが増したことから、骨折を完全に否定することはできない。

【緊急性や重症度が高くない場合】
①痺れや麻痺はなく、痛みがありながらも1km程の歩行はできていたことから、捻挫の可能性が高い。泣いて歩行不可となったのは、受傷後に、継続して歩行を続けたために、受傷部位が悪化し徐々に痛みが強まったためと考えられる。
②痛みの軽減を図り、患部を安静に保つための応急処置をする。
③状態の回復がみられない場合は保護者に連絡をして速やかに受診できるようにする。

 アセスメントをもとに何を行うのか書き出しましょう

(1) RICE処置（足は足台を使用して座面と同じにするとよい）。
(2) 担任から保護者へ連絡（状況と症状の説明）。
(3) 20〜30分後、受傷部の状態を観察する。
(4) 痛みの程度、足首の動き、歩行できるかの確認をする。
(5) 受傷部の軽減、精神状態が安定し、歩行ができるようであれば教室復帰。
(6) 受傷部の痛みが持続あるいは増強。歩行困難な場合は、保護者に連絡をして迎えにきてもらい受診（整形外科）を促す。

 この事例からの学び（考え方の解説）

　足首（手首）において、捻挫か骨折かを疑う見極めは難しいところですが、以下の点に注意して観察するとよいでしょう。

　　・動かせない、歩けない、痛みが強い、ショック症状がある、痺れがある、腫れがひどい。変形がある、内出血がある、介達痛がある。

　これらの中からいくつかの症状がみられた場合は、骨折を疑い、対応しましょう。
　今回の事例では、小学2年生が自分の状況を口頭で伝えることは難しいことも念頭におき問診等をする必要があります。また触診等を行う場合は、苦痛を与えないように配慮して行いましょう。この事例では、担任の先生が経過を知っているため、先生から状況を聞き取り、得られた受傷部情報からも判断するようにしましょう。Yさんは受傷直後から疼

痛が強く、歩行できなかったわけではありませんから骨折やアキレス腱断裂、肉離れ等は考えにくいと思います。

　外傷の場合、①〜③をほぼ同時に行っていくことを念頭におきましょう。

　①受傷の部位、程度を迅速にとらえる。速やかに判断をして安楽、安全な応急処置をする。

　②受傷機転を把握する。

　③家族への連絡と受診の有無の判断と病院までの搬送手段。

　本事例では、他者の介在はないという状況の確認後、応急処置、引き続きの状況観察、家族への連絡、教室復帰か受診かの判断という流れで対応すればよいでしょう。家族への連絡について、けがの場合は、きちんと状況を説明すること、現段階の状態がどうであるか、今後どの位で病院受診が必要と判断をするか、その場合には迎えに来られるかなどをあらかじめ話しておき、家族が学校か病院に来る準備ができるようにする配慮ができることがよいでしょう。

　家族が迎えに来て受診を促す場合には、家の近く、あるいはかかりつけ医があるかを聞き、受診歴がなく、近医もわからない保護者の場合には、近医を紹介し、可能であれば、学校（養護教諭）から病院に電話をし、状況を説明して、受診したいことを伝えておくと病院受診が速やかになります。

　また、けがの場合、けがをした場所の安全性はどうであったかを確認しておく必要があります。その作業は、担任か管理職に委ねるとしても、子どもたちが活動する場の環境が安全であるかという点は学校全体で取り組む大切な事の１つです。養護教諭としても自覚しておきましょう。

【引用文献】
・草川功監修『ここがポイント！学校救急処置』農文協、2013、p.47

ダッシュをして肉離れの疑い

高校2年生の男子（Z君）。スポーツテストで50mのタイムを計るために全力で走っていましたが、ブチッという音がして、右大腿後ろに強い痛みが走り倒れ込みました。歩けないため、友人に背負われて保健室に来ました。

 事例から読み取れる情報を書き出してみましょう

- 高校2年生の男子（Z君）
- 全力で50mを走り太もも裏に強い痛みが主訴
- ブチッという音がした
- 競技の継続はできなかった
- 自力で歩けない。友人に背負われて来た

 受傷機転や事例の主訴から想起できる主な外傷を書き出してみましょう

【受傷機転】
・50mを走って右大腿裏に激痛が走った

【緊急性や重症度の高い外傷】
・重症の肉離れ

【学校でよくみられる外傷】
・肉離れ、筋肉痛、こむらがえり

【この事例で考えられる外傷】
・肉離れ

 追加して知りたいことはどのような情報ですか？ 情報収集の視点と内容を書き出してみましょう

【情報収集の視点】
　①一般状態
　②受傷部の状態の詳細
　③受傷部以外の状態の詳細
　④受傷機転の詳細

【情報収集の内容】
〈問診〉
　①受傷部の状態：痛みの程度、断裂音の有無
　②機能の状態：足は動かせるか、立てるか、歩けるか、どの動作で痛むのか
　③受傷部以外の状態：嘔気、眩暈、腹痛、頭痛の有無
　④受傷機転の詳細：いつ、何をしていて、どうなって、どうしたか、他にけがをした生徒
　　　　　　　　　　はいないか、他者の介在、不自然な受傷機転はなかったかを本人、教
　　　　　　　　　　員、他の生徒から聞く
〈視診〉
　顔色、表情、受傷部の腫れ、色、内出血の有無、くぼみはあるか
〈触診〉
　受傷部の筋肉の部分の硬さ、押した時の痛みの有無と程度
〈検査〉
　バイタルサイン（意識、体温、脈拍、呼吸、血圧）

 追加情報を確認して、次に進みましょう

〈追加情報〉Z＝Z君　養＝養護教諭

Z：「ブチッという音がしました。ストレッチを少ししただけですごく痛い。他に痛むところはないです」。

養：意識清明。質問に応えられる。触診時顔をしかめるような表情あり。右足を動かせないほどの痛み。

右大腿部後ろ（ハムストリング）を押すと強く痛む。筋肉の部分が腫れ（＋）、硬くなってきている。筋肉にくぼみや内出血（＋）。

ハムストリング検査（30度）、大腿四頭筋検査（40度）、軽いハムストリング検査で痛み（＃）、ストレッチ痛（＃）、圧痛（＃）、腫れ（＋）、硬さ（＋）、くぼみ（＋）、内出血（＋）。

T＝36.2℃、P＝80回／分、R＝25回／分、BP＝120／70mmHg。

 Z君の状態をアセスメントしましょう

【緊急性や重症度が高い場合】
　ストレッチ痛（＃）、受傷部の圧痛（＃）、内出血（＋）、くぼみ（＋）のため重症の肉離れと判断できる。

アセスメントをもとに何を行うのか書き出しましょう

(1) RICE 処置。
(2) 保護者に連絡の上、迎えに来てもらって学校から直接病院受診をする。

 この事例からの学び（考え方の解説）

　この事例の場合、「押すと痛む。瞬間から痛む」という症状から、単なる筋肉痛と違うと考えられます。注意することは、受傷後初期に、指圧、マッサージなどをしてはいけません。RICE の処置をして苦痛の軽減と悪化防止をして、速やかに受診をさせましょう。

　中等症では、3 週間くらいの治療。重症では、数ヵ月の治療が必要となります。

　肉離れは、再発を繰り返すことがあるので、ウォームアップやストレッチングをしっかり実施して再発防止に努めることが大事です。初期に RICE 処置が十分に行われなかったり、十分治癒していないうちに早期にスポーツ復帰すると再発の可能性が高くなります。

筋肉をストレッチしたときの痛みでわかる重症度

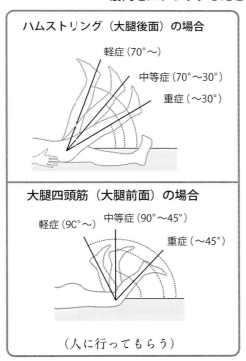

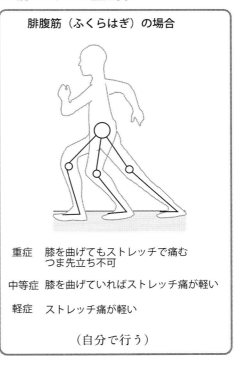

CASE ⑩　太もも裏に激痛！　〜ダッシュをして肉離れの疑い〜

CASE 11 突いた手が痛い！
転んで突いた手の上腕骨骨折の疑い

外科編

小学校6年生の女子（Aさん）。学校の階段で転んだと右手をかばいながら保健室に来室しました。右肘の強い痛みを訴え泣いています。一緒に遊んでいた同じクラスの女子に付き添われ、やっと歩いてきたという状態でした。

 1 事例から読み取れる情報を書き出してみましょう

- 小学校6年生の女子（Aさん）
- 右肘に強い痛みが主訴
- 階段で転んだ
- 意識レベルの低下なし
- 独歩可能

 2 受傷機転や事例の主訴から想起できる主な外傷を書き出してみましょう

【受傷機転】
- 階段からの転倒で、右肘の強い痛みを訴え、かかえるようにしてきた

【緊急性や重症度の高い外傷】
- 上腕骨骨折、鎖骨骨折、前腕骨骨折

【学校でよくみられる外傷】
- 肩脱臼、鎖骨骨折、前腕骨骨折、上腕骨骨折など

【この事例で考えられる外傷】
- 上腕骨骨折、肘関節の脱臼

 3 追加して知りたいことはどのような情報ですか？ 情報収集の視点と内容を書き出してみましょう

【情報収集の視点】
①受傷部の状態
②受傷部の状態の詳細
③受傷部以外の状態の詳細
④受傷機転の詳細

156

【情報収集の内容】
〈問診〉
　①受傷部の状態：どこが（痛む部位）、どのように（痛みの性状）、どんなか（痛みの程度）、
　　　　　　　　　熱感または冷感の有無、痺れの有無、感覚の違和感（痺れや麻痺の有無）
　②機能の状態：上肢や肘は動かせるか、肩は動かせるか（上下、回旋）
　③受傷部以外の状態：右肘以外の受傷部位の有無、吐き気や眩暈
　④受傷機転の詳細：いつ、どこが、どのようになったか（転んで手をついた時の肘や手の位
　　　　　　　　　置；肘は伸ばしていたか、曲げていたか、手は背屈だったか、掌屈だっ
　　　　　　　　　たか）、他者の介在の有無（不自然な受傷機転やけがの様子など）
〈視診〉
　意識状態、顔色・表情、受傷部位の箇所と範囲、出血、皮膚の色、腫脹（手、肘など、健側
　との比較）、変形（転位や屈曲があるか）、外傷の状態（開放性か、出血の有無）、減痛姿勢の
　有無・ショック症状の有無
〈触診〉
　受傷部位の痛みの程度、熱感、冷感、痺れ、麻痺、筋力低下の有無
〈検査〉
　①バイタルサイン（意識、体温、脈拍、呼吸、血圧）
　②介達痛の有無（＊外科編 CASE ③ ▶1 参照）
　③運動検査（自動・他動運動）但し明らかに骨折と判断したら不要

追加情報を確認して、次に進みましょう

〈追加情報〉A＝Aさん　養＝養護教諭

A：学校で階段を踏み外し、残り3〜4段のところで、前のめりに転んだ。
　体をかばい、特に右手に全身の体重がかかる形になった。膝や他の部位は打っていない
　し、痛みもない。右肘の痛みが強く時間が経ってもひどくなるばかりで軽くならない。
養：意識清明。質問に応えられる。開放性の創傷（−）、右肘の腫脹（＃）、熱感（＋）、
　右肘変形（＋）、右肘をかかえる減痛姿勢（＋）、右肘の周囲疼痛（＃）、介達痛は損傷を
　悪化させるおそれがあると判断し実施せず。
　運動検査は痛みが強く不可、上腕動脈・橈骨動脈触知（＋）。

Aさんの状態をアセスメントしましょう

【緊急性や重症度が高い場合】
　子どもの場合、まだ肘が柔らかく内側にそっていることが発達段階としての特徴としてある。この時期に手をついて倒れ、肘が痛いといった場合に起こる骨折は、ほとんどが上腕骨折だといわれており、中でも肘を伸ばして手を突いた時に一番多いものが上腕骨顆上骨折、上肢全体に体重がかかった時に多いものが上腕骨外顆骨折である。
　Aさんは、痛みも腫脹も強く、運動検査はもちろん、触られることさえ嫌がっているため上腕骨の骨折の可能性が高い。この場合、必ず手術になるためなるべく早く医療機関を受診する必要がある。

 アセスメントをもとに何を行うのか書き出しましょう

(1) 基本的には RICE 処置を行う。
(2) 固定については、肘の変形があり、痛みも強いので、痛みを増強するような固定は避ける。特に肘を 90 度以上曲げる鋭角固定は、血管を圧迫して循環障害を起こすため注意する。
　固定前と固定後で脈拍の触れ方が弱くなっていないか確認し、弱くなっていたら固定の仕方を見直す。
(3) 循環（血行）障害の確認①〜⑥を行う（6P）。
　①疼痛（pain）、②冷感（poikilothermic）、③知覚障害（paresthesia）、④蒼白（pale）、⑤末梢動脈拍動消失（pulselessness）、⑥運動障害（paralysis）。
(4) 担任、管理職に報告し、保護者に連絡の上、医療機関に受診をさせる。

この事例からの学び（考え方の解説）

　一般に骨折の場合は、打撲に比べて痛みや腫脹の程度が重症ですが、子どもの場合、骨が柔らかく、しなるので、完全に離断せず、いわゆる若木骨折（骨膜下骨折）も多く、特に手指などの場合、痛みや腫れが軽度で見落とされることも多いので注意しましょう。ただ、Aさんの場合は、上腕骨骨折ですので、単なる打撲と間違えることは少ないでしょう。前述した鋭角固定による循環障害ではフォルクマン拘縮という障害が残ってしまうこともあるので、医療機関に繋ぐまでの観察がとても重要です。

フォルクマン拘縮

以下、（1）骨折の判断基準と（2）打撲と骨折の違いについて示しましたのでアセスメントの参考にしてください。
　（1）骨折の判断基準
　　①骨・関節の痛みが激しく、いつまでも続く場合
　　②ショック症状がみられる場合
　　③受傷直後から運動不能に陥った場合
　　④変形や異常可動性がみられる場合
　　⑤受傷時、電気の走るような衝撃を感じた場合
　　⑥骨折線（圧痛線）が認められる（X線撮影によりわかること）
　　⑦介達痛が認められる
　（2）打撲と骨折の違い

症状	打撲	骨折
自発痛	打撲直後、激痛があるが，まもなく薄らぐ	激痛が長く持続する
圧痛	打撲部位のみ圧痛あり	骨折線に沿い圧痛あり
介達痛	なし	あり
自動運動	可能	不可能（下肢の時起立歩行不能）
他動運動	自由（どちらの方向でも）	激痛により制限
機能障害	ほとんどなし	著明

外科編

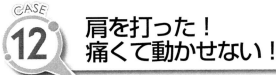

CASE 12 肩を打った！痛くて動かせない！

外科編

階段を踏み外し鎖骨骨折の疑い

中学校1年生の男子（B君）。昼休みになり、校庭に出ようとして、階段を勢いよく降りたところ、踊り場まであと2段というところで足を滑らせ、踊り場に転倒しました。
転倒した時に右肩を強く打ち、痛くて動かせなくなりました。右肩が下がり、左手で右腕を抱くようにして頭を右に傾けた姿勢で保健室に入って来ました。

 事例から読み取れる情報を書き出してみましょう

- ・中学校1年生の男子（B君）
- ・右肩を強く打ち、痛くて動かないが主訴
- ・校舎内の階段で足を滑らせ、踊り場に転倒
- ・右肩が下がっている
- ・左手で右腕を抱くようにして頭を右に傾けた姿勢

 受傷機転や事例の主訴から想起できる主な外傷を書き出してみましょう

【受傷機転】
- ・階段を2段踏み外し、転倒
- ・右肩あたりを負傷。右肩が下がり、痛みのため動かせない

【緊急性や重症度の高い外傷】
- ・鎖骨骨折・上腕骨骨折

【学校でよくみられる外傷】
- ・打撲・脱臼

【この事例で考えられる外傷】
- ・鎖骨骨折・上腕骨骨折・肩関節脱臼・上腕打撲

 追加して知りたいことはどのような情報ですか？ 情報収集の視点と内容を書き出してみましょう

【情報収集の視点】
　①一般状態
　②受傷部の状態の詳細
　③受傷部以外の状態の詳細
　④受傷機転の詳細

【情報収集の内容】

〈問診〉
　①受傷部の状態：どこが、どのように、どんなか、熱感の有無、冷感の有無、痺れの有無、麻痺の有無、感覚の違和感の有無
　②機能の状態：肩は動かせるか（上下、回旋）、どの姿勢がつらいか
　③受傷部以外の状態：右肩以外の受傷の部位、吐き気や眩暈
　④受傷機転の詳細：いつ、誰と何をしていて、どうなって、どうなったか、他にけがをした生徒はいないか、他者の介在、不自然な受傷機転はなかったかを本人、教員、他の生徒から聞く

〈視診〉
　顔色、表情、受傷部位の箇所と範囲、出血、皮膚の色、腫脹、変形

〈触診〉
　受傷部位の痛みの程度、熱感、冷感、痺れ、麻痺、筋力低下の有無

〈検査〉
　①バイタルサイン（意識、体温、脈拍、呼吸、血圧）
　②可動域（上下運動、回旋）
　③介達痛の有無

 4　追加情報を確認して、次に進みましょう

〈追加情報〉B＝B君　養＝養護教諭

B：右肩は痛くて動かせない。腕が動くと振動で痛いから押さえていると少し良くなる。腕の重さが肩と首に感じる。この姿勢が一番楽である。首は痛みのため起こせない（右に傾いている）。右肩は熱くもないし、冷たくもない。痺れてはいない。触られているのもわかる。

養：意識清明。質問には応えられる。顔色不良なし。右の肘を曲げて右前腕を左手で支えるようにし、頭を右に傾け、苦痛様な表情をしている。腕や肩を触診のために触ると、眉間にしわを寄せ、強い痛みを訴える。右肩周辺に動くと響く痛み（＋）、受傷部の熱感（＋）、冷感（＋）、右腕の痺れ（－）、麻痺（－）、出血（－）、皮膚の変色（－）、腫脹（＋）、変形（－）、右肩峰をたたくと介達痛あり。右肩上下運動（－）、回旋（－）、鎖骨上圧痛（＋）。

他に負傷箇所はなし。他者の介在はなく、1人での転倒。

T＝36.5°、P＝80回／分、R＝21回／分、BP＝115／62mmHg。

B君の状態をアセスメントしましょう

【緊急性や重症度が高い場合】
　介達痛がみられ、右肩、上腕が動かせないほどの強い痛みがあること、右の肘を曲げて右前腕を左手で支えるようにし、頭を右に傾け、苦痛様な表情をしていることから鎖骨骨折の疑いがある。

 アセスメントをもとに何を行うのか書き出しましょう

（1）鎖骨部位を RICE 処置、特に固定をしっかり行い痛みの軽減を図る。
（2）担任から保護者へ連絡をし、状況と症状の説明をしてもらう。病院に受診した方がよいと思うので学校まで迎えに来てもらえるか否かの確認をする。
（3）保護者が迎えに来るまで安静保持と観察をする。

 この事例からの学び（考え方の解説）

　鎖骨骨折の場合、肩の打撃で鎖骨部を骨折することが多く、腕と頭を支えている鎖骨が負傷するため、腕の重みで痛みを感じます。そのため、「鎖骨部が痛い」というより「肩が痛い」と表現することがあります。肘を曲げて、前に抱えるようにする姿勢をとり、頭を受傷側に傾けた姿勢で来るというのも特徴です。腕を抱えているため、腕の受傷かと思いがちですが、受傷機転や姿勢をよく観察して受傷部位を推定することが大切です。
　B君の場合も、頭を傾けている姿勢から鎖骨骨折を疑うことができます。
　鎖骨骨折は、骨折部位として多くはありませんが、柔道やラグビー、相撲等の肩を打ちやすいスポーツの時に起きやすいといえます。いざという時に備えて三角巾等で固定する方法を身につけてきましょう。
　肩の受傷の場合、脱臼か骨折かと迷うことがあります。肩の脱臼の場合の特徴として、肩の骨が尖って見えたり、肩がへこんでいることがあります。痛みを訴える部位の周辺をよく観察することが見極めるためには大切です。また、痛みが強くて固定処置ができない場合は、毛布やタオルで大きく包むだけでも固定となります。その時々に応じた方法で痛みの軽減と悪化防止に努めましょう。

CASE 13 プールで溺れた！

外科編

足のこむらがえりによる誤飲の疑い

　小学校 3 年生の女子（Cさん）。「プールで、溺れた子どもがいるので、プールまできてほしい」と連絡があり、プールサイドに駆けつけると、全身が濡れたまま、顔色が蒼白で、眉間にしわを寄せ、苦しそうにせき込みながら仰臥位になっている児童がいました。その横で、「大丈夫か！どうだ？」と声をかけながら、足の親指を曲げ伸ばししている教員がいます。どうしてこうなったのかと聞くと、「泳いでいる姿を見ていたら、途中で溺れたようにもがきだしたのでびっくりして、飛び込んで、引き上げた。せき込みながら、本人が左のふくらはぎを押さえて痛そうな顔をしたので、こむらがえりかなと思って、親指を動かしている」と説明をしていました。

 1　事例から読み取れる情報を書き出してみましょう

- 小学校 3 年生の女子（Cさん）
- 左足のこむらがえりとプールの水の誤飲による溺水が主訴
- プールの授業中
- 顔色が蒼白で、眉間のしわを寄せ、苦しそうにせき込みながら仰臥位になっている
- 教員が足の親指を曲げ伸ばししている

 2　受傷機転や事例の主訴から想起できる主な外傷を書き出してみましょう

【受傷機転】
- プールの授業中にこむらがえり（疑い）になり、泳げなくなりプールの水を誤飲し溺水

【緊急性や重症度の高い外傷】
- 溺水による呼吸困難、呼吸停止、意識不明、心拍停止

【学校でよくみられる外傷】
- こむらがえり、低体温、溺水

【この事例で考えられる外傷】
- こむらがえり、誤飲、溺水

3 追加して知りたいことはどのような情報ですか？ 情報収集の視点と内容を書き出してみましょう

【情報収集の視点】
①一般状態
②受傷部の状態の詳細
③受傷部以外の状態の詳細
④受傷機転の詳細

【情報収集の内容】
〈問診〉
①受傷部の状態：どこが、どのように、どんなか、受傷部の熱感の有無、冷感の有無、痺れの有無、麻痺の有無
②機能の状態：足は動かせるか、立てるか
③受傷部以外の状態：吐き気や眩暈、呼吸状態、腹痛の有無
④受傷機転の詳細：いつ、誰と何をしていて、どうなって、どうなったか、他にけがをした生徒はいないか他者の介在、不自然な受傷機転の有無を本人、教員、他の生徒から聞く

〈視診〉
　顔色、表情、受傷部位の箇所と範囲出血、皮膚の色、腫脹、変形

〈触診〉
　痛みの程度、熱感、冷感、痺れ、麻痺、筋力低下の有無

〈検査〉
①バイタルサイン（意識、体温、脈拍、呼吸、血圧）
②足の底をついて立位できるか、歩行はできるか

 4 追加情報を確認して、次に進みましょう

〈追加情報〉C＝Cさん　養＝養護教諭

C：発語はみられず。時々咳をしている。

養：意識清明だが質問にはうなずく動作のみで発語なし。顔色蒼白。濁ったような音の咳をして苦しそうな表情で、顔を下に向けプールサイドのコンクリートに向かってせき込む動作がみられる。

前胸部に喘鳴あり。せき込み（＋）、吐き気（－）、眩暈（－）、全身が濡れたままで、手足の冷感（＋）。左足のこむらがえりは軽減。熱感（－）、痺れ（－）、麻痺（－）、足首は動く。腓腹筋の痛み軽度（＋）、立位（－）、歩行（－）。

25 mをクロールをしていたところ、急に左足のこむらがえり、立とうとしたが痛くて

立てず、そのままプールの中に全身が沈んでしまった。すぐに教員が気がつき、プールサイドに引き上げ、身体を横向きで寝かせ、足の親指を曲げ伸ばしして対応をする。他者の介在はなし。

T＝36.0℃、P＝90回／分、R＝25回／分、BP＝110／58mnHg。

 Cさんの状態をアセスメントしましょう

【緊急性や重症度が高い場合】
　溺水しかけプールの水を誤飲してせき込んでいる。喘鳴がきかれ、呼吸数もやや早い。顔面蒼白な状態である。声かけには反応があるため、すぐの病院搬送は必要なさそうである。
　足のこむらがえりに対しても応急処置にて改善がみられている。

【緊急性や重症度が高くない場合】
　回復体位にして引き続きのバイタルサイン、特に呼吸状態、意識状態の観察が必要。
　身体が低体温にならないように水気を拭き、保温をして再度こむらがえりにならないようにマッサージなどで足の血液循環をよくしておく。本人はじめ他の生徒にも泳いでいる間のこむらがえり予防の指導をする必要がある。

 アセスメントをもとに何を行うのか書き出しましょう

（1）涼しいところで回復体位にする。特にせき込みにより口腔に上がってきた水で再び誤飲をしないように注意する。
（2）体をタオルで拭いて水を拭い、毛布かバスタオル1枚をかけて保温する。
（3）こむらがえりの回復状態、呼吸状態、声かけに発語がみられるか等の観察。
（4）保護者への状況報告の連絡。
（5）時間が経過して生徒が回復し落ち着いてから、今後、プールで泳いでいる時には、再度こむらがえりを起こさないように休息をこまめにとり、体操をして筋肉をほぐすように指導する。

 この事例からの学び（考え方の解説）

　プールでのけがは、大きな事故となる危険性があります。プールの中での溺水による窒息は死に至ることもあります。プールに入る前の体調（睡眠不足、倦怠感、欠食の有無等）を確認すること、監督者はプールに児童、生徒が入っている時は、一人一人の動きをしっかりと把握することが大切です。

また、休憩時間の時の児童、生徒の様子をよく観察し、少しの体調の変化も見逃さないようにしましょう。顔色が悪い等があった場合には、早めに休息を取らせる必要があります。児童、生徒は夢中になってしまい、自分の体調の変化に気づかないこともあります。プールの中に長時間入ったままでいると、低体温やこむらがえりの原因ともなります。こむらがえりは電解質不足、筋肉の疲労、突然の寒冷な環境による血行不良等が原因で筋肉の弛緩調節が鈍くなり、筋肉の異常な収縮が始まり起きるといわれています。

　こむらがえりになったらすぐにプールから出ます。プールから出たら、身体の水をタオルでしっかり拭き、足の親指、つま先、土踏まず等を指で押します。つま先から膝の方に向かってマッサージをするなどして、血液循環の回復を試みるとよいでしょう。定期的に休むことで、筋肉疲労や低体温を予防しましょう。

　本事例以外にもプールや水での事故・けがには危険性があります。

　その１つに、プールサイドや階段の水で滑って転倒し、頭を打つ等の例があります。

　プールから上がったら、身体を拭くこと、プールサイドは走らない、階段はゆっくり昇降する等の指導をすることが大切です。それでも、起きたけがについては、プールサイドの涼しいところに移動をさせて、応急処置にあたりましょう。保健室に移動することはなかなか容易ではないため、プールサイドで迅速に応急処置ができるように、プールの監視室等に衛生材料や毛布、バスタオル、タオル、Ｑマスク等の準備をしておくとよいでしょう。さらに呼吸停止などの重症な状態にそなえ、液状物の吐かせ方、気道異物の除去、一次救命処置、AEDの使い方などの応急処置ができるように全教員が学ぶ機会をつくりましょう。

　また、プールに入る前後には、含嗽（がんそう）、洗眼、タオルの貸し借りはしない等の感染予防についても呼びかけていきましょう。

【引用文献】
・草川功『ここがポイント！学校救急処置』農文協、2014

あとがき

　本書を出版するにあたり、既刊のフィジカルアセスメントに関する学習参考書を調べたところ、多くは看護師を対象としたものであり、数冊ある養護教諭対象のものには、事例を展開しながら学ぶタイプのものがありませんでした。そこで養護教諭であれば一度は遭遇しそうなケースをアセスメントできるワーク式のものを作成したいと考えました。

　当初、岡田加奈子先生には監修をお願いしておりましたが、ご体調が優れなかったため序文だけをご執筆いただくことになりました。また、大変残念なことに昨年の12月、本書の発刊を見ていただく前にご逝去されました。養護教諭界にとっては大変な損失であり、先生を知る多くの方々同様、私たちも悲嘆にくれています。生前、岡田先生は養護教諭の専門性を向上させるということを一番に気にかけておられました。これは、すでに養護教諭をされている先生方や養護教諭養成を担う者の共通の課題です。というのも、今私たちが向き合わなければならないわが国の現状と課題に関係するからです。

　近年、わが国の子ども達が抱える心身の健康課題についての指摘や提言は、内閣府によって作られた教育再生実行会議や文部科学省からの公的な調査報告だけではなく、さまざまな機関や分野から数多く出されています。それによるとわが国の子どもたちの心身の健康課題は多岐に渡るうえ、中には成長発達だけでなく命にかかわる深刻なものまであります。また、青少年の自殺率は諸外国に比べても高く、医療的ケアや発達に関する課題など特別な支援を要する子どもの数も年々増加しています。このことは少子高齢化が他国に先駆けて進んでいる日本とって非常に深刻な問題です。現状のまま生産年齢人口が減り続けた場合、わが国の経済は破綻し、現在享受している健やかで安全な暮らしそのものが成り立たなくなるおそれがあるからです。このまま、生産年齢人口が劇的に増加するということが望めない以上、残る道は、将来わが国を支える子ども達一人一人が最大のパフォーマンスを発揮できる大人に成長することです。

　しかし、不登校やひきこもりの増加という現象1つをとってみても、期待できる方向に進んでいるとはいえません。このことを重く受けとめた政府は、現在、戦後最大といわれる教育改革を行っており、その目玉の1つとしてチーム学校を推進しています。というのも、日本の学校の教諭は、諸外国とは異なり教育（知育）のみを担当するのではなく、徳育や体育など多種多様の業務を担っているため、そのことによる多忙が指摘されるとともに、本来の役割である教科教育にかける時間が減少していることが問題視されてきました。そこで、チーム学校では、特別な支援を要する子ども達の対応を心の専門家であるスクールカウンセラー（SC）や福祉の専門家であるスクールソーシャルワーカー（SSW）

といった専門職を学校に配置することで教諭の負担を減らし、子どもへの対応も専門的でよりよいものにしようということです。

　従来、養護教諭は、学校の中で、子どもの健康問題を発見し対応する際の唯一の専門家とみなされてきました。つまり、保健室は子どもの心や体に関する問題をはじめ、発達の遅れや障害等を発見する窓口であり、子どもが困ったときに訪れたり避難したりする場所として機能してきました。しかし、今後これらの問題はチームとして対応することになり、養護教諭には、SC や SSW との間を調整し、まとめるコーディネーター的役割が期待されることになりました。つまり、養護教諭はこれまで以上に子ども達の健康課題を正しくとらえて対応することが求められるようになってきたのです。とりわけ SC や SSW よりも身体的側面のアセスメント能力が高くなくてはならず、そのためにはフィジカルアセスメント力を磨くことが必須です。

　そもそもフィジカルアセスメント教育は、1970 年代に米国やカナダにおいてナースプラクティショナー（NP）のために大学や大学院で行われはじめたもので、日本では看護診断の導入に伴い 1990 年代より急速に取り入れられました。米国における NP は、看護師として一定以上の職務経験を積んだ人が専門職大学院において取得する資格であり、全州でNP による医療行為が認められ、医師のいない過疎地では初期症状の診断や処方、投薬が認められています。現在、日本の看護教育においても、ほとんど全ての養成機関でフィジカルアセスメントが教授されるようになっていますが、養護教諭の養成機関についての教育の実情は明らかにされていません。医師のいない過疎地での需要からはじまった NP に対するフィジカルアセスメント教育ですが、常勤医のいない学校で活動する養護教諭にこそ必要な能力といえるのではないでしょうか。

　しかし、各種調査から、ベテランの養護教諭でさえ自分の判断に自信が持てないと考えていることがわかっています。それは今まで、フィジカルアセスメントを系統的に学ぶ機会がなかったことに加え、疾病や外傷の有無と重症度や緊急度の判断をするために、どのようにアセスメントを行うかを事例で展開するという経験を積んでこなかったこと、さらには、学校で行われている日々のアセスメントを検証できていないことが原因と考えられます。以上から、本書がフィジカルアセスメント能力の向上に少しでもお役に立てれば幸いです。

　最後に、本書を出版するにあたり貴重な事例を提供してくださった著者の先生方、お忙しい中、とても丁寧な医事監修をしてくださった鋪野紀好先生、扉の挿絵を描いてくださった黒木瑞ほ様、私たち編者のわがままに辛抱強くお付き合いくださった北樹出版の木村慎也様に心よりの感謝を申し上げます。

2018 年 2 月吉日　遠藤伸子　成川美和

索　引

あ 行

アキレス腱の断裂　149
足首の骨折　149
アナフィラキシーショック　57
意識障害　76,79,85,89,104,105
イレウス　57,61
咽頭結膜熱　68
インフルエンザ　68
インフルエンザ脳症　68,72
運動検査　157
運動誘発アナフィラキシー　100
SLR テスト　146,148
SpO_2　53,56
エピペン　60,62
OAS →口腔アレルギー症候群
OD →起立性調節障害

か 行

開口障害　125
外傷性頸部症候群　131
外傷性虹彩炎　117
介達痛　146
下顎骨骨折　126
踵落とし衝撃試験　40,45
過換気症候群　73
肩関節脱臼　160
肩呼吸　83
肩脱臼　156
過敏性腸症候群　39
眼窩骨折　121
眼窩底骨折　117
眼球運動　118
眼球陥没　123
眼球充血　118
眼球損傷　117
眼球破裂　117
眼球偏位　91

眼瞼出血　117
眼瞼裂傷　118
眼振　27
眼前暗黒感　87,97
感染性胃腸炎　39
肝臓損傷　141
陥没呼吸　83
顔面神経麻痺　107
気管支喘息　73
気胸　136
起坐呼吸　82
希死念慮　64
気道内異物　81
急性虫垂炎　39
急性腹症　51
胸郭の形状　82
頰骨骨折　121
頰骨弓骨折　121
胸痛　73
胸部打撲　136
胸壁血管損傷　136
胸膜炎　77
起立性調節障害　26,98,99
筋性防御　40,44
緊張型頭痛　26,29
緊張性気胸　83
筋トーヌス　107
筋肉痛　89,153
くも膜下出血　26
群発頭痛　34
頸肩腕症候群　131
頸椎骨折　112
頸椎椎間板ヘルニア　131
頸椎捻挫　112,115,131,134
頸静脈怒張　78
経皮的動脈血酸素飽和度→ SpO_2
血胸　136
結膜出血　117

ケルニッヒ徴候　27,33

減痛姿勢　157

腱反射　107

犬吠様咳嗽　101

誤飲　163

口腔アレルギー症候群　60

口腔内粘膜損傷　126

膠原病　63

咬合不全　125

交差抗原性　60

甲状腺機能低下症　63

口唇裂傷　126

抗不安薬　63

項部硬直　27

硬膜下血腫　112

呼吸音　82

呼吸困難　79

骨盤骨折　145

骨膜下骨折　158

こむらがえり　153,163

さ行

鎖骨骨折　156

嗄声　101

CRT　53,56

子宮外妊娠　49

視神経管骨折　117

自然気胸　73

若年性関節リウマチ　63

視野検査　118,120

重積発作　93,95

消化管穿孔　46,50

上顎骨骨折　121,156

硝子体出血　117

上腕骨骨折　156

食物アレルギー　57

食物依存性運動誘発アナフィラキシー　100

ジョルトサイン　27

心筋梗塞　73

神経脱落症状　27,33,35

心挫傷　136

心臓神経症　77,80

心臓振盪　136,140

腎臓損傷　145

靭帯損傷　149

心不全　81

水痘　68

髄膜炎　26

髄膜刺激症状　27,32

頭蓋内圧亢進症状　27,33,35,114

精巣捻転　49,50

脊髄損傷　131,135

脊椎損傷　131,135

赤痢　55

摂食障害　63

閃輝暗点　38

前房出血　117

喘鳴　82

前腕骨骨折　156

爪床血流充填時間→CRT

掻痒感　57

た行

対光反射　27,32

大腿四頭筋検査　154

打撲　149,159,160

チアノーゼ　105

中枢神経症状　87

腸管出血性大腸炎　55

腸重積　39

腸蠕動音　40,44

腸捻転　39

腸閉塞　39

椎間関節症候群　131

低体温　163

適応障害　63

溺水　163

てんかん　86,91,93

伝染性紅斑　68

頭蓋底骨折　112

統合失調症　63

瞳孔不同　27,32,35

糖尿病　63

頭部打撲　112

動脈血酸素分圧→PaO₂
努力呼吸　82,85

な行

内胸動静脈損傷　136
内臓損傷　141
肉離れ　149
尿路感染症　39
尿路結石　145
寝違え　131
熱型　69
熱けいれん　91
ネフローゼ症候群　63
捻挫　149
脳血管障害　105
脳出血　112,115
脳腫瘍　26
脳振盪　112,116
脳脊髄液減少症　29
脳動脈奇形　110

は行

肺の損傷　136
背部の骨折　145
白血病　63
パニック発作　100
歯の脱臼　126,130
歯の破折　126,130
ハムストリング検査　154
バレ・リュー症候群　132,135
反跳痛　40,45
PaO₂　56
ピークフロー　84
鼻骨骨折　121
肘関節の脱臼　156
鼻篩骨骨折　121
鼻出血　121
脾臓損傷　141
鼻翼呼吸　83
貧血　96
不安障害　63
不安発作　100

フォルクマン拘縮　158
複視　27,31
副鼻腔炎　26
腹部打撲　141
腹部内の炎症性疾患　145
腹膜炎　39
腹膜刺激症状　40,44
浮腫　64
不整脈　73
ブルジンスキー徴候　27
偏視　27,31
片頭痛　26
ペンライトの当て方　120

ま行

マックバーネー点　40,44
無菌性髄膜炎　68
メニエール病　86
網膜振とう　117,120
網膜剥離　117,120

や・ゆ・よ行

溶血性貧血　65
腰椎圧迫骨折　145
腰椎椎間板ヘルニア　145
腰椎分離症　145
腰部の骨折　145
溶連菌感染症　68

ら行

ラテックスアレルギー　58
卵巣嚢腫茎捻転　49,50
ランツ点　40,44
リウマチ熱　68
流行性耳下腺炎　68
流涙　123
リンパ節の触診　27,31
肋間神経痛　73
肋間動静脈損傷　136
肋骨完全骨折　136
肋骨亀裂骨折　136
肋骨骨折　73

《執筆者紹介》

(敬称略・執筆順)

鋪野　紀好
（しきの きよし）
千葉大学大学院医学研究院診断推論学／
千葉大学医学部附属病院総合診療科特任助教
医療監修

遠藤　伸子
（えんどう のぶこ）
女子栄養大学栄養学部保健栄養学科保健養護
専攻教授
編者
内科編 CASE ①・⑪
外科編 CASE ⑪

成川　美和
（なるかわ みわ）
鎌倉女子大学家政学部家政保健学科准教授
編者
内科編 CASE ③
外科編 CASE ⑧・⑨・⑫・⑬

岡田加奈子
（おかだ かなこ）
元 千葉大学教育学部養護教諭養成課程教授
序

宇田川和子
（うだがわ かずこ）
千葉県立柏陵高等学校養護教諭
内科編 CASE ②・⑭
外科編 CASE ②・⑩

三森　寧子
（みつもり やすこ）
千葉大学教育学部准教授
内科編 CASE ④・⑨
外科編 CASE ①・④

齊藤理砂子
（さいとう りさこ）
淑徳大学総合福祉学部教育福祉学科准教授
内科編 CASE ⑤・⑦
外科編 CASE ⑤

久保田美穂
（くぼた みほ）
女子栄養大学栄養学部保健養護専攻学科専任
講師
内科編 CASE ⑥・⑧・⑬

鎌塚　優子
（かまづか ゆうこ）
静岡大学教育学部学校教育教員養成課程養護
教育専攻教授
内科編 CASE ⑩・⑯
外科編 CASE ⑥、⑦

籠谷　恵
（かごたに めぐみ）
東海大学健康科学部講師
内科編⑫・⑮
外科編③

《医療監修者紹介》

鋪野　紀好（しきの　きよし）

　2008 年　千葉大学医学部卒業。2010 年　千葉市立青葉病院　初期研修修了。2010 年　千葉大学医学部附属病院　総合診療科　後期研修医。2011 年　千葉大学医学部附属病院　総合診療科　医員。2013 年　千葉大学医学部附属病院　総合診療科　兼　総合医療教育研修センター　特任助教（現職）。2015 年　千葉大学大学院先端医学薬学専攻修了（医学博士）。
総合内科専門医、プライマリ・ケア認定医・指導医、新撰医チバ代表。
養護教諭のフィジカルアセスメントスキル向上を目指し、全国津々浦々で講演・セミナーを行っている。

《編者紹介》

遠藤　伸子（えんどう　のぶこ）

　病院勤務を経た後、看護大学にて看護教育に従事する。その経験を活かし養護教諭の養成教育に移ってからは、養護教諭を志望する学生にフィジカルアセスメントを教授している。自身も養護教諭養成課程を置く大学・大学院にて養護教諭一種・専修免許を取得。フィジカルアセスメント教育については、養護教諭を養成する大学で講義・演習を担当する傍ら 14 年程前から、求めに応じて現職の養護教諭を対象に研修や教材開発を行っている。

成川　美和（なるかわ　みわ）

　病院や在宅での看護実践、地域住民への健康増進講習・普及事業、First aid の講習、イベント時の First aid 実践、災害対策活動、看護大学での看護教育に従事してきた。そこで培ったものを素地とし、10 年前から養護教諭の養成教育に携わり、養護教諭に必要な看護の知識・技術を中心に授業や演習、臨床看護実習指導等をしている。学生と関わる中で、フィジカルアセスメント教育の大切さと難しさを感じ、基礎教育の段階で、可能な限りのフィジカルアセスメント能力を身につけてほしいと日々奮闘をしている。

学校の事例から学ぶ フィジカルアセスメント ワークブック

2018 年 4 月 25 日　初版第 1 刷発行
2020 年 9 月 10 日　初版第 3 刷発行

監修者　鋪野紀好
編　者　遠藤伸子
　　　　成川美和
発行者　木村慎也

印刷：新灯印刷／製本：川島製本所

発行所　株式会社 北 樹 出 版

http://www.hokuju.jp

〒 153-0061　東京都目黒区中目黒 1-2-6
TEL：03-3715-1525（代表）　FAX：03-5720-1488

ⓒ 2018, Printed in Japan

ISBN　978-4-7793-0565-8

（乱丁・落丁の場合はお取り替えします）